# 房屋建筑装修会计实务

黄年华　胡竟男　王景莹　著

中国商业出版社

图书在版编目（CIP）数据

房屋建筑装修会计实务 / 黄年华，胡竟男，王景莹著． -- 北京：中国商业出版社，2024. 9． -- ISBN 978-7-5208-3156-7

Ⅰ．F407.967.2

中国国家版本馆CIP数据核字第2024XW0175号

责任编辑：王　彦

中国商业出版社出版发行

（www.zgsycb.com　100053　北京广安门内报国寺1号）

总编室：010-63180647　编辑室：010-63033100

发行部：010-83120835 / 8286

新华书店经销

廊坊市博林印务有限公司印刷

\*

710毫米×1000毫米　16开　12.5印张　210千字

2024年9月第1版　2024年9月第1次印刷

定价：58.00元

\*\*\*\*

（如有印装质量问题可更换）

# 作者简介

黄年华，女，现就职于海南腾众装饰工程有限公司，毕业于泰国博仁大学工商管理专业，硕士研究生学历。主要研究方向为企业管理、公司财务与会计。先后在《中国经济评论》期刊上发表论文。

胡竟男，女，汉族，1985年9月生，中共党员，副教授，海南省海口市海南科技职业大学会计学院研究院院长。主要研究方向：财会专业职业教育、会计信息化。主持或参与省级科研和教研课题12项（其中主持国家级课题3项、省级课题4项、校级课题5项），发表论文21篇，其中SCI收录2篇、中文核心2篇，主持或参与编写教材6部、专著1部。有着多年带队参加国家级、省级技能大赛的经验，进行课、证、赛、训融通的课程改革，对会计专业具有系统而坚实的理论基础和专业基础，具备比较丰富的实践经验，能够及时了解本门学科国内外的发展趋势，并具备为本学科的教学、科研提供决策依据的能力。

王景莹，女，现就职于海南科技职业大学，担任科研处副处长一职。毕业于河南大学，旅游管理专业。

# 引 言

房屋建筑装修会计实务是建筑行业中一项重要的专业知识，旨在帮助从事建筑行业会计工作的人员更好地理解和应用相关的会计原理和技巧。本教科书将围绕建筑行业会计的概述、建筑项目预算与成本控制、建筑合同与支付管理、资产与折旧管理、税务与法律合规、成本会计与绩效评估、财务报告与分析以及未来趋势与创新等章节展开详细描述。

# 前 言

《房屋建筑装修会计实务》是一本全面介绍建筑行业会计知识的专业教科书。本书旨在帮助读者深入了解建筑行业会计的概念、原则和实践以及应对挑战和解决问题的方法。通过对建筑行业会计的全面探讨，读者将能够掌握建筑项目预算与成本控制、建筑合同与支付管理、资产与折旧管理、税务与法律合规、成本会计与绩效评估、财务报告与分析等关键领域的知识和技能。

第1章介绍了建筑行业会计概述，在这一章中我们将探讨建筑行业的特点与挑战以及建筑行业会计的重要性。此外，我们还将追溯建筑行业会计的历史演变，以便读者能够更好地理解建筑行业会计的发展脉络。第2章主要讨论了建筑项目预算与成本控制。在这一章中，我们将详细介绍预算编制与管理的方法和技巧以及成本估算与控制的实践经验。此外，我们还将探讨利润分析与风险评估的重要性，帮助读者更好地理解建筑项目的经济效益和风险管理。第3章着重介绍了建筑合同与支付管理。在这一章中我们将详细介绍不同类型合同的特点和会计处理方法以及付款管理与控制的策略。通过学习本章内容，读者将能够更好地理解建筑合同的会计处理和支付管理的重要性。第4章探讨了资产与折旧管理。在这一章中，我们将介绍资本支出的会计处理方法以及折旧与摊销计算的原则和实践。此外，我们还将分享资产管理的最佳实践，帮助读者更好地管理和运用企业的资产。第5章涵盖了建筑行业的税务与法律合规。在这一章中我们将详细介绍建筑行业的税务问题和法律合规要求以及相应的风险管理和税务筹划方法。通过学习本章内容，读者将能够更好地理解并应对建筑行业的税务和法律风险。第6章讨论了成本会计与绩效评估。在这一章中我们将介绍成本分析与管理的方法和工具以及绩效评估与指标的应用。此外，我们还将分享成本控制的方法和工具，帮助读者更好地管理和控制企业的成本。第7章重点介绍了建筑行业的财务报告与分析。在这一章中我们将详细介绍建筑行业财务报表的内容和要求以及财务分析与比较的方法和技巧。此外，我们还将分享财务报告的解释与应用，帮助读者更好地理解并运用财务报告。第8章展望了建筑行业会计的未来趋势与创新。在这一章中我们将讨论数字化革命与建筑会计的关系，以及可持续建筑与绿色会计的发展趋势。此外，我们还将展望建筑行业会计的未来发展方向，帮助读者把握行业的变革和机遇。

通过学习本书，读者将能够全面了解建筑行业会计的实务和理论，掌握解决实际问题的方法和技巧。本书旨在成为建筑行业从业者、学生和研究人员的重要参考资料，帮助他们在建筑行业会计领域取得优秀的成果。

# 目 录

**第 1 章　建筑行业会计概述 /1**
建筑行业特点与挑战 /2
建筑行业会计的重要性 /11
建筑行业会计的历史演变 /20

**第 2 章　建筑项目预算与成本控制 /29**
预算编制与管理 /30
成本估算与控制方法 /38
利润分析与风险评估 /43

**第 3 章　建筑合同与支付管理 /53**
合同类型与特点 /54
合同的会计处理 /58
付款管理与控制 /64

**第 4 章　资产与折旧管理 /71**
资本支出的会计处理 /72
折旧与摊销计算方法 /80
资产管理的最佳实践 /90

**第 5 章　税务与法律合规 /99**
建筑行业税务问题 /100
法律合规要求与风险 /108
税务筹划与风险管理 /118

## 第 6 章　成本会计与绩效评估 /129

成本分析与管理 /130

绩效评估与指标 /136

成本控制的方法与工具 /142

## 第 7 章　财务报告与分析 /149

建筑行业财务报表 /150

财务分析与比较 /155

财务报告的解读与应用 /162

## 第 8 章　未来趋势与创新 /169

数字化革命与建筑会计 /170

可持续建筑与绿色会计 /175

建筑行业会计的未来展望 /182

**结语 /189**

# 第1章

# 建筑行业会计概述

本章主要介绍建筑行业会计的基本概念和特点以及面临的挑战。通过对建筑行业的特点进行分析，探讨该行业的复杂性和独特性，包括项目周期长、资金规模大、风险高等。阐述建筑行业会计在项目管理中的重要性，强调会计信息的及时性、准确性和可靠性对于项目决策和成本控制的重要作用。回顾建筑行业会计的历史演变，介绍会计制度和规范的发展过程以及在市场经济环境下的变化和调整。通过本章的学习，读者将对建筑行业会计的概况有一个全面的了解，并为后续章节的学习打下基础。

# 建筑行业特点与挑战

建筑行业是一个资本密集型、周期波动大、市场竞争激烈的行业。其特点包括项目复杂、风险大、协作性强、规模大、周期长等。这些特点导致了建筑行业在会计处理方面存在许多挑战，包括成本的准确计算、收入的确认、财务报告的透明度等。

## 一、建筑行业的复杂性与风险

建筑行业一直以来都是一个高度复杂且充满风险的领域。建筑项目的规模庞大，涉及多方面的利益相关者，包括设计师、工程师、建筑商、供应商等等。这些利益相关者需协同合作，而其间的关系错综复杂，需要会计工作者以高度的专业技能和严谨的态度来进行财务管理和监督，确保资金的正确分配和使用以及合规性的监管。充分理解建筑行业的特点和挑战，对于会计工作者来说是至关重要的，因为他们需要应对变化多端的环境，并且准确把握局势，以降低风险和确保项目的成功进行。

在建筑行业中，会计工作者需要面对大量的不确定因素和复杂的市场条件。建筑项目可能会面临如受到政策的影响、自然灾害的破坏、供应链的中断等多方面的不确定因素，这些都给会计工作带来了挑战。不仅如此，建筑行业的市场条件也非常复杂，供需状况波动大，价格波动大，市场竞争激烈，这些都需要会计工作者有足够的专业知识与技能来分析并应对。所以，会计工作者需要对建筑行业有深入的了解，以及对市场的敏锐洞察力，才能在这个变化多端的环境中作出正确的财务决策。

与其他行业相比，建筑行业的项目周期长，投资规模大，风险高，这需要会计工作者有更多的耐心和专业知识来应对。在建筑行业，一旦出现了财务问题，后果可能是灾难性的。会计工作者需要有足够的专业技能来规划、监控和评估项目的财务风险，并及时采取应对措施。他们需要对资金的流动和使用有充分的了解，并且需要具备预测未来发展的能力，以便在项目进行中及时作出调整，确保项目的成功进行。

在建筑行业中，会计工作者不仅需要具备通常会计工作者所需的技能和技术，还需要对建筑行业有深入的了解，了解行业的规范和标准。他们需要掌握建筑行业的特殊会计准则，了解建筑行业的专业术语以及建筑行业的最佳实践。只有这样，他们才能更好地理解建筑行业的经营状况，并为企业提供更加准确和有针对性的财务建议。建筑行业的复杂性和高风险使得会计工作者的工作变得异常重要和具有挑战性。

1. 项目周期长、资金需求大

房屋建筑装修是一个周期较长的项目，从规划到完成往往需要数月甚至数年的时间。在这个漫长的周期里，资金需求也是一个不可忽视的问题。大量的资金投入会让项目的资金流变得更加复杂，会计在整个项目过程中起着至关重要的作用，需要对资金进行精确的监控和管理。

在建筑项目中，资金的流动性是非常强的，需要不断地进行变现和更新。这就给会计的工作增加了难度，需要对每一笔支出和收入进行仔细地核对和记录。由于建筑项目往往会涉及多方合作，需要向不同的供应商、承包商支付资金，因此会计还需要保证支付的安全性和合法性，避免出现资金违规使用的情况。

建筑项目的周期长，会计在项目的不同阶段也需要进行不同的资金分析和预测。例如，在项目的前期规划阶段，会计需要对整个项目的资金需求进行预估和规划，确保项目在资金上能够顺利进行；而在项目的中后期，会计则需要对项目的实际支出和收入进行核对，及时发现和解决资金管理方面的问题。

房屋建筑装修项目的会计实务相当复杂，并且需要对资金的流动和管理进行精准的掌控。只有建立科学的会计制度和流程，确保资金的安全和合规使用，才能保证整个项目顺利进行，达到预期的效果。

2. 分包商的管理问题

分包商的管理问题在房屋建筑装修会计实务中占据着重要的位置。在一个建筑项目中，通常会涉及多个分包商，而这些分包商的管理和监督对于保证项目的进度和质量至关重要。会计需要对每个分包商的支付记录和合规要求进行有效的管理。

对于每个分包商的支付需要进行及时和准确的记录。在建筑装修过程中，分包商可能根据工程进度和完成情况来收取款项。会计部门需要对分包商的工作完成情况进行核实，并及时记录下每一笔付款的金额和时间，以便于后期的对账和审计工作。这些准确的记录不仅有利于保持与分包商的良好合作关系，也能够帮助企业在财务上做出合理的安排和预算。

对于分包商的合规要求需要严格监督和管理。在建筑装修行业，分包商的资质和合规性是非常重要的。会计部门需要建立完善的合规审核机制，对分包商的资质、税务登记、安全生产许可等进行全面审查和监督，确保他们的合规性和合法性。只有在确保了分包商的合规性之后，企业才能够避免一系列潜在的法律风险和经济风险。会计在这方面的工作也至关重要。

建立和维护与分包商的良好合作关系也是会计工作的重要内容。会计人员需要通过及时有效的沟通和对分包商的合理支持来建立起良好的合作关系。这不仅有利于项目的顺利进行，也有利于企业长期发展和品牌形象的塑造。会计需要在日常工作中注重细节，关注分包商的需求和反馈，与他们共同努力，共同推动项目的顺利进行。

建筑项目中的分包商管理问题在房屋建筑装修会计实务中是不可忽视的。有效管理分包商的支付记录和合规要求，建立良好的合作关系，对于保证项目的顺利进行至关重要。会计人员需要在日常工作中注重这些细节，不断完善自己的工作体系，为企业的发展和项目的成功做出积极的贡献。

### 3. 合规要求与法律风险

在房屋建筑装修行业中，会计实务涉及众多的合规要求和法律风险，必须严格遵守相关法规以确保企业的合法经营和避免可能面临的罚款和风险。建筑行业的法律合规要求涉及诸多方面，包括建筑许可、土地使用、环境保护、建筑安全等方面的规定。作为建筑企业的会计人员，必须深入了解这些法规，并严格按照法律要求进行会计处理，以确保企业的合规经营和稳健发展。

建筑行业在进行房屋建筑和装修时需要取得相应的建筑许可。这涉及城市规划、土地使用等多个方面的法律规定。会计人员需要全面了解建筑许可的程序和要求，确保企业取得的建筑许可的合法性和有效性。在会计工作中，需要对建筑许可的相关文件和手续进行核查和记录，以备日后可能的审计和检查。任何违反建筑许可的行为都将面临严重的法律风险，会计人员必须严格按照法律规定进行会计处理，以规避潜在的风险和法律纠纷。

在房屋建筑和装修过程中，企业需要严格遵守环境保护的法律规定。这包括对建筑施工现场的环境保护、固废处理、噪声控制等方面的严格要求。会计人员需要在会计核算中对企业的环境保护支出进行详细记录，并确保企业的环保支出符合法律规定。通过会计核算的手段对企业的环境保护举措进行监督和检查，确保企业在环境保护方面不存在违法和违规的行为。任何环境违法行为都将面临巨大的罚款和法律责任，会计人员在日常工作中必须严格按照法律要求进行会计处理，降低法律风险和责任承担。

建筑行业的安全生产也是必须严格遵守的法律要求。会计人员需要了解和掌握建筑施工安全的法律法规，确保企业严格遵守相关的安全生产要求。在会计核算中，需要对企业的安全生产支出进行详细记录和核查，确保企业在安全生产方面的投入和支出符合法律规定。对于任何违反安全生产法律规定的行为，企业将面临严重的安全事故风险和法律责任。会计人员必须在日常工作中严格按照法律要求进行会计处理，规避企业可能面临的安全生产风险和法律责任。

## 二、项目成本的不确定性

在进行房屋建筑装修会计实务的过程中，一个关键的挑战是项目成本的不确定性。建筑项目的成本通常是难以准确预测的，因为涉及诸多因素，比如原材料价格的波动、劳动力成本的变化以及施工周期的延长等。这种不确定性给会计工作带来了一定的难度，需要会计人员灵活应对成本变化，并及时调整预算和控制措施。

在面对项目成本的不确定性时，会计人员需要建立灵活的成本管理机制。这包括及时获取最新的成本信息，对成本进行分析以及制定灵活的预算和控制措施。例如，当原材料价格出现波动时，会计人员需要及时调整预算，以保证项目不会因为成本超支而出现问题。对施工周期的延长也需要会计人员进行及时分析和控制，以避免项目因为延期而带来额外的成本压力。

对于不确定性成本的管理，也需要会计人员具备一定的预见性和预判能力。他们需要根据过往的经验和对行业趋势的把握，对可能出现的成本变化进行合理的预测和调整。这需要会计人员具备丰富的行业知识和敏锐的洞察力，以便能够提前应对可能出现的成本风险。

除了灵活的成本管理和预见性的预判能力外，会计人员在面对项目成本不确定性时还需要具备有效的沟通协调能力。他们需要与项目管理人员、供应商以及其他相关方保持密切的沟通，及时了解项目进展和成本变化情况，并协调各方合作，以确保项目成本在可控范围内。

面对建筑项目成本的不确定性，会计人员需要以灵活的成本管理、预见性的预判能力和有效的沟通协调能力来保证项目的顺利进行。只有这样，才能在不确定的环境中保持良好的成本控制，为项目的成功实施提供有力的支持。

### 1. 材料价格波动

建筑行业的材料价格波动是一个常见的现象。不同材料的价格可能会受到市场供需、原材料成本、政策法规等多种因素的影响，导致价格上下波动。作为建筑项目的会计，及时准确地调整成本预算至关重要，以确保项目能够维持经济效益。

建筑材料价格波动受到市场供需关系的影响。随着建筑行业的需求量变化，材料供应商会根据市场情况做出调整，从而影响到材料的价格。政府对房地产市场的政策调控也会对市场供需关系产生一定影响，深度影响到建筑材料的价格。

原材料成本的波动也是建筑材料价格波动的重要因素之一。原材料的价格变动直接影响到建筑材料的成本，比如钢铁、水泥等原材料价格的上涨会导致建筑材料的价格上涨，而原材料价格的下降则会导致建筑材料价格的下降。这种波动性的变化在一定程度上会影响建筑项目的成本预算。

政策法规的变化也可能引发建筑材料价格的波动。各种环保、能源等政策法规的实施，可能会导致某些建筑材料的价格发生变化。例如，国家对环保型建材的鼓励和支持，可能会导致这类建材价格下降，而对传统建材加大限制可能会导致传统建材价格上升。

在这样复杂多变的市场环境下，建筑项目会计需要密切关注建筑材料价格的波动情况，及时了解相关因素的影响，以便根据实际情况调整成本预算，保证项目的经济效益。这也是会计在建筑装修实务中扮演的重要角色之一。

### 2. 人力资源成本管理

在房屋建筑装修领域的会计实务中，人力资源成本管理是至关重要的一环。在建筑项目中，需要大量的人力资源，而会计部门则需要有效地管理这部分成本，以确保项目的顺利进行和成本的控制。人力资源成本管理涉及薪酬、社会保险等方面的支出，需要精确地核算和记录，以保证公司的财务稳健和合规性。下面将逐步深入探讨在房屋建筑装修行业中人力资源成本管理的实际操作和技巧。

在建筑项目中，人力资源成本通常是最大的支出之一，因此会计部门需要通过严格的核算和预算来管理这部分成本。会计部门需要准确记录所有与人力资源相关的支出，包括员工的工资、福利和奖金等。还需要结合项目进度和预算情况，合理安排人力资源的使用，以避免资源的浪费和额外成本的产生。仔细规划和管理人力资源成本，对项目的整体成本和利润率有着直接的影响，因此需要会计部门的精准操作和良好的预测能力。

除了核算和预算，人力资源成本管理还涉及薪酬的发放和社会保险的缴纳。在建筑装修行业，由于项目周期较长，人员流动性较大，因此薪酬的发放和社会保险的缴纳也是一个复杂而重要的环节。会计部门需要确保薪酬的发放准确无误，并及时缴纳各项社会保险，以维护员工的合法权益和公司的良好形象。会计部门还需要及时了解并适应相关法律法规的变化，确保公司在人力资源成本管理方面的合规性和可持续发展。

在人力资源成本管理方面，会计部门还需要与人力资源部门紧密合作，以确保信息的及时共享和协同操作。人力资源部门通常负责员工的招聘、培训、绩效考核等工作，而会计部门则需要及时了解各项支出的情况，以便进行准确的核算和预算。两个部门还需要共同制定和执行相关的激励政策，以激励员工的工作积极性和创造力，从而提高项目的整体效率和质量。

在房屋建筑装修行业中，人力资源成本管理是至关重要的一环。会计部门需要通过严格的核算和预算，确保人力资源成本的有效管理和控制。会计部门还需要关注薪酬发放和社会保险缴纳等具体操作，以确保公司的合规性和员工的权益。与人力资源部门的合作也是至关重要的，共同制定和执行激励政策，提高项目的整体效率和质量。只有通过多方面的努力和合作，才能实现在人力资源成本管理方面的良好运营和持续发展。

### 3. 技术创新与成本控制

随着社会的不断发展，建筑行业的技术也在不断创新。在这样的背景下，作为建筑行业内的一项重要管理工作，会计实务需要及时掌握新技术，以更好地适应行业的变革。只有保持与时俱进，及时融入新技术，建筑行业的会计实务才能更好地发挥作用，提高项目的效率，降低成本。

在房屋建筑装修行业，技术创新对成本控制有着重要的影响。通过引入先进的施工技术、装修设备和材料，可以提高工程质量的同时降低人力成本和物料成本。会计部门需要密切配合技术部门，了解最新的建筑施工技术和装修装饰材料的应用情况，从而及时更新成本核算标准，确保成本核算的准确性和及时性。

除了施工技术和装饰材料，信息技术的应用也是建筑行业的重要技术创新之一。现代建筑行业广泛应用信息化管理系统、工程造价软件、云计算等技术，以提高工作效率、简化管理流程。会计部门需要结合信息技术的发展趋势，调整会计核算流程，建立自动化、智能化的会计信息系统，实现会计数据的准确采集、及时处理和快速分析。这样不仅可以提高会计工作的效率，降低人力成本，还可以为企业决策提供更丰富、准确的数据支持。

值得注意的是，技术创新与成本控制需要全公司员工的共同努力，而会计部门作为企业的财务管理者更是需要带头应用新技术，推动技术创新。只有不断学习和应用新技术，将技术创新与成本控制紧密结合，才能更好地适应行业变革，为企业创造更大的价值。

### 三、风险管理与保险需求

在房屋建筑装修的实务中，面临着诸多潜在风险，而会计在这一过程中扮演着至关重要的角色。有效的风险管理和保险需求评估将直接影响到整个建筑项目的成功与否。会计需认真对这些风险进行评估，并采取相应的措施来降低风险，其中包括购买适当的保险产品。

建筑项目本身存在诸多风险，包括但不限于自然灾害、工程质量问题、人身伤害和财产损失等。会计需细致分析这些潜在风险，并根据实际情况制定相应的风险管理方案。在这一过程中，会计需要考虑不同风险发生的概率及其可能带来的损失程度，以便更好地制定保险需求。

会计在评估保险需求时，需要全面考虑不同类型的保险产品。比如，在建筑装修过程中，可能需要考虑的保险类型包括建筑工程险、工程一切险、财产一切险、人身意外伤害保险等。会计需要详细了解每种保险产品的保障范围、理赔程序、保费费率等相关信息，以便为建筑项目选择最合适的保险产品。

会计在购买保险产品时也需要考虑到项目的特殊情况。例如，如果建筑项目位于容易受自然灾害影响的地区，那么就需要特别关注自然灾害保险的购买；如果项目规模较大，涉及的风险较多，那么可能需要购买特别定制的综合保险产品。会计须根据项目的具体情况，有针对性地购买适当的保险产品，以最大限度地降低建筑项目所面临的各种风险。

在房屋建筑装修的实务中，会计需要有效管理和评估风险，并购买适当的保险来降低风险。通过细致的风险管理和全面的保险需求评估，会计可以为建筑项目提供更加全面和可靠的财务保障，确保建筑项目顺利进行并取得成功。对于会计来说，对风险管理与保险需求的深入理解和全面应用是至关重要的。

### 1. 工地意外事故风险

在房屋建筑装修的实务中，建筑工地上存在着各种意外事故风险，这些风险可能给企业带来不小的经济损失。会计在面临意外事故时，应该及时处理事故产生的费用，并协助企业进行保险索赔。以下将逐步介绍建筑工地意外事故风险的具体情况，并分析会计在处理这些风险时的重要作用。

建筑工地上常见的意外事故包括坠落、机械伤害、火灾等，这些事故往往会导致工人受伤、设备损坏甚至严重生命财产损失。例如，工人在高空作业时不慎摔落，或者因设备操作不慎导致机械伤害，这些意外事故都将给企业带来直接的经济损失。会计需要及时记录和核算事故的相关费用，包括医疗费用、设备损坏费用和工人工伤赔偿等，以便企业对事故进行详细的成本核算。

一旦发生意外事故，企业需要与保险公司进行及时沟通，并协助进行保险索赔。会计在这一过程中发挥着关键作用，首先需要对企业的保险合同进行详细的了解，明确事故的保险范围和索赔条件。然后，会计需要准确核算事故造成的损失，并按照保险合同的要求提交索赔申请。在这一过程中，会计需要做好保险理赔的准备工作，包括整理事故发生时的相关资料和凭证，确保索赔材料的完整性和准确性，以便顺利通过保险理赔审核。

建筑工地意外事故的处理和保险理赔过程可能较为烦琐，会计需要与企业的其他部门密切合作，包括工程管理部门、人力资源部门等，共同协调处理事故和保险理赔事宜。会计还需要与保险公司的理赔专员进行多次沟通和协商，确保企业能够最大程度地获得保险赔偿。会计需要具备较强的沟通协调能力和保险理赔专业知识，以便顺利处理建筑工地意外事故带来的各项费用和保险索赔事宜。

建筑工地存在各种意外事故风险，会计在这一过程中扮演着重要角色。通过及时记录和核算事故费用，协助企业进行保险理赔，会计能够有效降低企业由于意外事故造成的经济损失，确保企业的正常经营秩序。会计需要对建筑工地意外事故的处理和保险理赔有着深入的了解和实务操作经验，以便在面对各种风险时能够稳妥处理。

### 2. 项目延期和质量问题

在房屋建筑装修的实务中，项目延期和质量问题是一大挑战。建筑项目的延期可能会导致项目进度受阻，影响整体工程进展，甚至导致成本的增加。而质量问题则可能对整个项目的可持续性和安全性造成威胁，对业主和承建商都可能造成巨大的损失。会计需要及时介入并处理相关问题，评估其对项目成本和进度的影响。

项目延期是建筑装修中常见的问题之一。在进行会计实务处理时，会计需要分析导致项目延期的原因。可能是由于人力资源不足、天气因素、材料供应延迟或者设计变更等因素所致。会计需要逐一分析这些原因并记录下来，以便在财务报表中清晰地反映出这些影响。会计还要与项目管理团队合作，评估项目延期对成本的影响，包括劳动力成本、租赁费用、材料成本等，并据此调整预算和财务计划。

质量问题也是建筑装修中不可忽视的隐患。会计需要对质量问题进行严格管理和跟踪，确保相关成本得到妥善处理。例如，对于使用了次品材料或者出现施工质量问题的情况，会计需要记录相关成本，并与质量管理部门合作，进行差错成本的核算和分摊。如果发生了需要重新施工或更换材料的情况，会计也需要记录相应的成本，并与项目管理团队共同评估对项目进度和成本的实际影响。

在面对项目延期和质量问题时，会计不能只是简单地记录相关成本，更重要的是要与项目管理团队和质量管理部门密切合作，全面评估这些问题对项目成本和进度的影响，及时采取相应的调整措施，以确保项目能够按时完工、保质保量。这也是会计在建筑装修项目中扮演的重要角色之一。在会计实务中，需要充分考虑项目延期和质量问题，以保障整个建筑装修项目的顺利进行。

### 3. 法律纠纷与索赔处理

在进行建筑项目时，往往会面临各种法律纠纷和索赔处理的情况。这些纠纷可能涉及工程质量、工期延误、合同违约等方面的问题，而会计人员在这个过程中扮演着至关重要的角色。他们需要配合律师和相关部门，提供相关的财务信息和证据，以支持法律诉讼的进行。

建筑项目中可能涉及的法律纠纷包括但不限于工程质量问题。如果建筑工程存在质量问题，业主可能会提出索赔要求，要求进行维修或者赔偿损失。在这种情况下，会计需要协助收集和整理与质量问题相关的财务记录，如工程成本、材料采购等，以便律师进行案件分析。

工程延误也是建筑项目中常见的法律纠纷之一。如果建筑工程的进度无法按照合同要求完成，业主可能会要求施工方承担责任并提出索赔。会计人员在这种情况下需要协助收集与工期延误相关的财务信息，如施工进度、人工成本等，以支持律师进行索赔金额的计算和合理性的判断。

建筑项目的合同违约问题也是常见的法律纠纷之一。当一方未能履行合同约定的义务，另一方可能会提出索赔要求。在这种情况下，会计人员需要协助整理合同相关的财务记录，如支付款项、履约保证金等，以帮助律师进行合同违约责任的认定和索赔金额的计算。

建筑项目可能涉及的法律纠纷和索赔处理需要会计人员与律师和相关部门紧密合作，提供相关财务信息和证据，以支持法律诉讼的进行。只有在充分准备和配合的情况下，才能有效地处理建筑项目中出现的法律纠纷和索赔问题，以保护各方的合法权益。

# 建筑行业会计的重要性

建筑行业会计是建筑企业管理的重要组成部分，能够为企业提供准确、可靠、及时的财务信息，帮助企业管理者进行决策和控制成本，从而提升企业的盈利能力和市场竞争力。

## 一、建筑项目资金管理的重要性

在房屋建筑装修领域，资金管理是至关重要的。建筑项目通常需要大量的资金投入，涉及土地购买、材料采购、劳动力成本、设计费用等诸多方面。而会计在建筑项目的资金管理中发挥着不可或缺的作用。他们通过对资金的收支情况进行精确记录和分析，帮助企业进行预算管理和现金流管理，最大限度地优化资金运作，保障项目的顺利进行。

建筑项目资金管理的重要性体现在各个环节。在项目立项阶段，会计可以通过对潜在成本和收益的评估，帮助企业进行项目风险评估和成本控制，为项目投资决策提供可靠依据。在项目实施阶段，会计在资金使用和支出的记录与分析中起着关键作用，及时发现资金使用中的问题并加以调整，确保资金的合理利用和项目进度的有效推进。在项目验收阶段，会计还可以通过对项目收支情况的分析，为企业未来类似项目的决策提供经验和借鉴。

在建筑行业，会计还需要深入了解相关的政策法规、税收政策等，保证企业在资金管理方面遵循法规，合理避税，有利于企业的可持续发展。在建筑项目的资金管理中，会计职业的专业知识和严谨态度必不可少。

建筑项目的资金管理对于企业的长远发展至关重要，而会计作为项目资金管理的核心力量，其作用不可忽视。通过精细的资金管理，会计可以帮助企业更好地运作和规划，确保项目的顺利进行，最终实现预期的经济效益和社会效益。加强对建筑项目资金管理的重视，培养专业的会计人才，不仅有利于企业自身的发展，也有利于整个建筑行业的健康发展和可持续发展。

### 1. 资金预算与筹集

在房屋建筑装修的会计实务中，资金预算与筹集是至关重要的一环。在进行装修项目前，会计人员需要制定详细的资金预算，以确保整个装修过程能够顺利进行。资金预算应包括装修所需的材料、人工成本、设备购置和其他相关费用，同时也需要考虑到可能的变动因素，如价格波动、工期延长等。通过仔细制定资金预算，可以有效控制装修成本，避免出现资金紧张的情况。

一旦资金预算确定，会计人员需要及时筹集资金以满足装修项目的需求。筹集资金的途径可以包括公司内部的资金调配，外部贷款、投资，以及与材料供应商、合作伙伴的资金合作等。在筹集资金过程中，会计人员需要综合考虑不同渠道的利弊，选择最适合公司实际情况的筹集方式，以保证资金的及时到位。还需要建立健全的资金管理制度，确保资金使用得透明、合规和高效，避免资金的浪费和挪用。

在资金预算和筹集的过程中，会计人员也需要不断地进行财务分析和风险评估。通过对项目的潜在风险进行分析，可以及时发现和解决可能出现的资金问题，保证装修项目顺利完成。也需要不断地与装修项目的各个相关方进行沟通和协调，确保资金的合理分配和使用，避免造成资金浪费和损失。在整个装修项目的过程中，会计人员需要不断地跟踪和更新资金预算，及时调整筹集资金的计划，以应对突发情况和变动的市场环境。

资金预算与筹集对于房屋建筑装修项目是至关重要的。会计人员需要在项目前充分准备，制定详细的资金预算，并及时筹集资金以保证项目的正常运作和资金需求。通过科学的财务管理和风险评估,可以有效地控制装修成本,最大限度地降低项目的风险,保证项目的顺利进行。

### 2. 资金监控与支付管理

在房屋建筑装修项目的会计实务中,资金监控和支付管理是至关重要的环节。会计人员需要全面监控项目的资金流动情况,确保资金的有效利用和合理分配。及时处理支付事项,保证各项费用和支出的准确性和合规性。只有通过严格的资金监控和支付管理,才能有效地保障项目的顺利进行,确保资金的安全可控。

在进行资金监控时,会计人员需要对项目的资金流向进行深入分析和监测。他们需要准确记录和分析资金的进出情况,及时发现资金流动中的异常情况并及时采取相应措施。会计人员还需要根据项目的实际情况和进展,对资金预算进行动态调整,确保资金的合理运用和充分利用。

支付管理是资金监控的重要环节。在处理支付事项时,会计人员需要严格按照相关规定和程序进行操作,确保每一笔支付的准确性和合规性。他们需要仔细核对支付的对象、金额和用途,防止因支付失误或违规操作而导致资金的浪费或损失。会计人员还需要做好支付记录和凭证的保存工作,以备日后审计和查验。

除了对资金流动的监控和支付管理,会计人员还需要与其他部门和人员密切配合,共同推动项目的顺利进行。他们需要及时向相关部门提供资金使用情况和支付记录,确保各方对资金情况有清晰的了解。会计人员还需要对项目的整体资金情况进行汇总和分析,向负责人和决策者提供相关的财务报表和分析报告,为项目的决策和规划提供有力的支持。

在房屋建筑装修项目的会计实务中,资金监控与支付管理是至关重要的环节。会计人员需要全面监控项目的资金流动情况,并严格管理支付事项,确保资金的安全和合规使用。只有通过精细的资金监控和支付管理,才能有效地保障项目的顺利进行,实现预期的经济效益和社会效益。

### 3. 资金使用与效益评估

在房屋建筑装修的实际操作中,会计人员需要对项目的资金使用情况进行深入评估。这涵盖了从资金投入到具体的使用效益评估,需要对每一笔资金进行追踪和分析。仅仅了解资金的使用情况是不够的,更需要对使用效益进行评估,以确定是否达到了预期的效果。这一过程需要会计人员从财务数据中获取信息，以便全面地评估资金的使用情况。在这个过程中，会计人员需要密切关注资金的流向，判断每一笔资金是否得到了有效的利用，并对项目的运营结果进行有效评估。

在进行资金使用的评估过程中，会计人员需要综合考虑各种因素，包括项目的实际进度、成本控制情况以及与预算的比较等。这需要会计人员具有较强的财务分析能力和全面的信息获取途径，以确保评估结果的准确性和客观性。通过对资金使用情况的深入评估，会计人员可以更好地了解项目的运作情况，及时发现问题并提出优化建议，确保资金的有效利用和项目整体效益的最大化。

在资金使用效益评估的过程中，会计人员需要对项目的每一个环节进行细致的分析，并结合实际情况进行全面评估。这需要会计人员具有较高的专业水平和丰富的实践经验，才能够准确判断资金使用效益情况，并提出切实可行的优化建议。通过对项目资金使用效益的全面评估，会计人员可以为企业提供更加全面的决策支持，帮助企业更好地进行资金使用规划和优化调整，实现资金的最大化利用，确保项目整体效益的最大化。

房屋建筑装修项目中的资金使用与效益评估是会计工作中至关重要的一环。会计人员需要对项目的资金使用情况进行全面深入地评估，以确保资金的有效利用和项目整体效益的最大化。在这一过程中，会计人员只有具有较强的财务分析能力和丰富的实践经验，才能够准确判断资金使用效益情况，并提出切实可行的优化建议，为企业的决策提供全面的支持。

## 二、成本控制与利润分析

在房屋建筑装修行业中，会计实务在成本控制和利润分析方面扮演着至关重要的角色。从采购原材料到施工阶段，会计的参与对于项目的经济效益有着决定性的影响。建筑公司需要在会计实务方面进行精准的管理和分析，以确保项目的成功实施和经济效益的最大化。

在成本控制方面，会计人员需要对建筑装修项目的各个阶段进行严格的成本监控和预算管理。比如，在原材料采购环节，会计需要及时记录并分析原材料的采购成本，确保在质量不受损的情况下节约成本。在施工阶段，会计还需要准确核算人工成本、设备租赁费用等，确保工程进度和质量的成本得到有效的控制。通过精确的成本控制，建筑公司可以避免不必要的浪费，确保项目的经济效益。

与成本控制相对应的是利润分析，会计人员需要对项目的各阶段进行全面的利润分析。通过对项目的投入成本和产出利润进行比较，会计可以帮助公司领导制定合理的定价策略和项目管理决策。利润分析还可以帮助公司发现项目中的盈利点和亏损点，进而调整项目方案和成本管理措施，最大限度地提升项目的盈利能力。

建筑行业的会计实务不仅仅是固定资产的折旧计算和凭证的填制，更重要的是在成本控制和利润分析方面的应用。只有在这些方面取得突破性的进展，建筑公司才能实现经济效益的最大化，提升竞争力，取得更好的发展。

**1. 成本估算与控制方法**

在房屋建筑装修的实务中，成本估算与控制方法是至关重要的。会计人员需要制定准确的成本估算方法，以便及时掌握成本的变化情况，并采取相应的控制措施，以保证项目的成本控制。

在进行成本估算时，会计人员需要全面考虑工程所需的材料、人工和其他支出，以及可能出现的风险因素。他们需要对每一项成本进行详细的分析和估算，确保不会出现漏算或错误估计的情况。他们还需要考虑到市场变化带来的影响以及可能的通货膨胀因素，从而制定出更为准确和全面的成本估算方案。

一旦完成了成本估算，会计人员还需要实施有效的成本控制措施。这包括建立健全的成本控制制度，对成本的实际发生情况进行及时监控，并根据需要对预算进行调整。会计人员还需要与其他部门密切合作，及时获取项目进展情况和成本变化的信息，以便及时调整控制措施，确保项目的成本能够得到有效的控制。

除了以上措施外，会计人员还需要利用先进的成本管理工具和技术，如成本绩效评价、成本控制表和成本分析报告等，来更好地实施成本控制。这些工具和技术能够帮助会计人员更准确地了解项目的实际成本状况，及时发现偏差并采取相应的对策，以确保项目的成本不会超出预算。

成本估算与控制方法对于房屋建筑装修项目的成功完成至关重要。会计人员需要制定准确的成本估算方法，并实施有效的成本控制措施，以确保项目的成本能够得到有效的控制。通过建立健全的成本控制制度，利用先进的成本管理工具和技术，会计人员能够更好地应对在成本管理过程中出现的各种挑战，确保项目顺利完成。

## 2. 利润分析与风险评估

房屋建筑装修会计实务是一个复杂的领域，会计人员需要对项目的利润进行深入的分析和评估，以便及时发现潜在的风险，并采取相应的措施进行风险管理。利润分析是评估一个项目的经济效益和盈利能力，对于房屋建筑装修项目来说尤为重要。会计人员需要对项目的成本、收入、利润率等方面进行细致的分析，以便确定项目的实际盈利情况。还需要对各种成本进行彻底的核算，确保没有遗漏任何成本和费用，并在利润分析中进行合理的分配和处理。

风险评估是会计工作中不可或缺的一环。房屋建筑装修项目涉及的风险包括但不限于材料价格波动、人工成本上涨、市场需求变化、工期延误等。会计在利润分析的基础上，需要对这些风险进行全面的评估，分析可能带来的损失和影响，并及时提出应对措施。风险评估需要结合项目的实际情况和行业的特点，进行综合分析和预测，以便作出科学的风险管理决策。

利润分析和风险评估是相辅相成的，两者结合起来可以为房屋建筑装修项目提供有力的财务支持和风险管理。会计人员需要通过对项目利润的深入分析，了解项目的经济状况和盈利能力，为企业决策提供可靠的数据支持。通过对项目风险的全面评估，可以及时发现潜在的风险点，并制定出有效的风险管理策略，确保项目的顺利进行和企业的长期稳健发展。利润分析与风险评估在房屋建筑装修会计实务中扮演着不可替代的重要角色，对企业的发展至关重要。

## 3. 利润分配与奖励激励

在房屋建筑装修项目中，会计人员在利润分配和奖励激励方案的制定中发挥着重要作用。会计人员需要对项目的成本和收入进行详细的分析，确保利润的准确计算。会计人员还需参与制定奖励激励方案，以激励项目参与者的积极性和创造力。

为了确保利润分配的公平性和合理性，会计人员需要通过精确的成本核算和收入确认，全面了解项目的经济效益。会计人员应当将各项费用逐一核算，并根据项目的实际情况进行合理分配，确保每个参与者都能得到应有的回报。会计人员还需要监控项目的收入情况，及时发现收入波动和风险，并提出相应的风险控制措施，以保障项目的利润最大化。

除了利润分配，奖励激励方案的制定也是会计工作的重要内容之一。会计人员需要根据项目的实际情况，设计相应的奖励激励方案，以激励参与者的积极性和创造力。该方案既要能够激励员工的主动性，又要确保奖励的公平性和合理性。会计人员需要综合考虑项目的投入产出比，制定能够有效激励员工的方案，并及时调整方案，以适应项目的发展和变化。

会计人员在房屋建筑装修项目中的利润分配和奖励激励方案制定中起着至关重要的作用。通过精确的成本核算和收入确认，确保利润分配的公平性和合理性；设计奖励激励方案，激励参与者的积极性和创造力。这些工作不仅需要会计具有丰富的经验和专业知识，还需要会计具有敏锐的洞察力和前瞻性，以应对项目中的各种挑战和风险。

### 三、合规管理与财务报告

在建筑行业中，会计人员在合规管理和财务报告方面扮演着至关重要的角色。在合规管理方面，会计人员需要严格遵守国家相关法律法规，确保项目的合规运作。他们需要熟悉建筑行业的相关政策，比如土地规划、环境保护等，并将其纳入项目成本与预算中进行合理核算。会计人员还需要监督项目的资金使用情况，确保在合规的前提下进行资金的调配和使用。合规管理不仅仅是一项简单的工作，更是会计人员责任的体现。

在财务报告方面，会计人员需要准确地记录项目的各项收入和支出，并撰写相关的财务报告。这些财务报告需要遵循会计准则，真实地反映项目的财务状况。在建筑行业中，项目通常持续时间较长，会计人员需要及时地进行财务核算和报告，以便项目负责人和利益相关方能够及时了解项目的经济效益情况。会计人员还需要对项目投资回报率进行评估和分析，为企业的经营决策提供数据支持。

会计人员还需要对项目的风险进行评估和控制。他们需要关注项目中可能存在的财务风险，比如成本超支、资金链断裂等，并及时采取措施加以控制和解决。在财务报告中，会计人员还需要对项目的风险进行充分的披露，让利益相关方能够清晰了解项目可能存在的风险和不确定性，以便他们作出理性的决策。

会计人员在建筑行业的合规管理和财务报告中扮演着不可或缺的角色。他们需要具备扎实的会计专业知识，严格遵守相关法律法规，及时准确地进行财务核算和报告，并对项目的风险进行全面评估和控制。只有如此，才能确保项目的经济效益并为企业的可持续发展提供有力的支持。

## 1. 合同类型与特点

在房屋建筑装修行业，会计实务扮演着至关重要的角色。要确保财务记录的准确性和合法性，会计人员需要深入了解不同类型的合同以及它们的特点。只有对合同类型有深刻的理解，才能准确记录和处理合同相关的会计事项。我们将深入探讨不同合同类型的特点，以便会计人员能够更好地应对各种会计挑战。

我们来看固定总价合同。这种类型的合同在房屋建筑装修行业中非常常见。固定总价合同的特点是在合同签订时就确定了最终价格，施工方需按照该价格完成全部工程。会计人员需要明白，在这种合同中，费用和收入都是可预测的，因此可以作出较为准确的财务预测。也需要关注合同变更的情况，如有额外工程需要增加费用，这将对财务记录产生影响。

成本加成合同也是房屋建筑装修行业常见的合同类型之一。与固定总价合同不同的是，在成本加成合同中，施工方会按照实际成本加上一定的利润进行计费。这就给会计人员带来了额外的挑战，需要准确记录和核算各项成本，以确保最终的利润计算准确无误。还需要密切关注合同约定的成本加成方式，可能会涉及直接成本和间接成本的核算，这就需要会计人员对成本核算有较高的专业水准。

还有单位价格合同、激励合同等不同类型的合同，每种合同都有其独有的特点，会计人员需要对其有全面的了解和准确的把握。通过深入研究不同类型合同的特点，会计人员可以更好地应对各种复杂的会计情况，为企业的财务管理提供更加可靠的支持。

在房屋建筑装修行业中，合同类型繁多，每种合同都有其独有的特点和会计处理要求。会计人员需要具备全面的专业知识，以便准确记录和处理合同相关的会计事项。只有深入了解不同合同类型的特点，才能更好地完成会计工作，为企业的稳健发展保驾护航。

## 2. 合同的会计处理

房屋建筑装修合同的会计处理非常重要，需要根据合同的要求和相关法律规定，准确记录和处理合同相关的费用和收入。对于装修合同中的费用，会计人员需要按照合同约定的付款方式和时间，将费用进行分期或分次确认，并根据实际完成的工作量进行成本核算。在确认费用的过程中，还需要注意与供应商和承包商之间的结算，确保账务的准确性和及时性。

在合同中涉及的收入方面，会计人员需要根据合同约定的条件和进度，及时确认和核算收入。在收入确认的过程中，会计人员需要关注合同中的主要条款，如完工验收、交付条件、支付方式等，确保收入的准确确认和及时入账。对于合同中的风险和损益影响，也需要进行合理的预估和处理。

在房屋建筑装修合同的会计处理中，还需要关注合同变更和索赔的会计处理。当合同发生变更或产生索赔时，会计人员需要及时调整相关的费用和收入，并根据实际情况进行会计处理。在处理合同变更和索赔时，会计人员需要充分了解合同的变更原因和索赔依据，以确保会计处理的准确性和合规性。

房屋建筑装修合同的会计处理涉及多方面的内容，包括费用确认、收入核算、合同变更和索赔处理等。会计人员需要结合合同的具体条款和相关法律法规，确保会计处理的准确性和及时性，为企业的装修项目提供可靠的财务信息支持。

### 3. 财务报告的解释与应用

在房屋建筑装修行业中，会计实务是至关重要的一环。在这个行业中，准确编制财务报告并提供相关解释和分析对于支持决策和管理至关重要。财务报告不仅是简单的数字汇总，更是对于公司经营状况的真实呈现和未来发展的有效预测。在本书中，我们将深入探讨房屋建筑装修会计实务中财务报告的编制、解释与应用。

详细介绍房屋建筑装修行业的会计政策与规定，包括企业会计准则、财务报告准则等相关规定。在这些规定的指导下，会计人员需要准确地记录公司的财务信息，并使用适当的会计政策进行报告编制。财务报告中还需要详细解释会计政策的选择和变更以及对于公司财务状况的影响。

重点介绍如何解释财务报告中的数据和指标。在房屋建筑装修行业中，财务报告中的数据对于公司业务发展的决策至关重要。会计人员需要准确地解释财务报告中的各项数据，包括利润表、资产负债表和现金流量表等。我们还将详细介绍如何对比不同时间段的财务报告以及如何利用财务指标进行公司绩效评估和未来预测。

深入探讨财务报告在房屋建筑装修行业中的具体应用。会计人员需要依据财务报告中的结果，对公司的财务状况进行全面分析，包括公司的盈利能力、偿债能力和发展潜力等。我们还将详细介绍如何编制财务分析报告，以便管理层和投资者更好地理解公司的财务状况和未来发展趋势。

# 建筑行业会计的历史演变

建筑行业会计的发展经历了手工账簿、电算化会计、ERP 系统会计等不同阶段。随着信息技术的不断发展，建筑行业会计的自动化和数字化程度越来越高，会计信息的质量和效率得到了显著提高。

## 一、建筑行业会计的起源和发展

建筑行业会计的起源可以追溯到古代文明时期。在古代，人们开始建造房屋和其他建筑结构，这就需要记录和管理资金、物资和劳动力的使用情况。随着建筑活动的持续发展，人们渐渐意识到需要一套专门的会计体系来支持建筑行业的发展。建筑行业会计在古代社会逐渐形成，成为支撑建筑活动的重要组成部分。

随着经济的发展和社会的进步，建筑行业会计逐渐走向规范化和现代化。在古代，建筑行业会计主要以简单的记账和统计为主，随着商业活动的扩大和社会经济的发展，建筑行业会计不断完善和发展。在工业革命时期，建筑行业会计开始与工业化和现代化的生产方式相适应，逐渐形成了一套完整的会计体系和规范。

在现代社会，建筑行业会计已经成为一门独立的学科，涵盖了会计、财务管理、成本管理、税务管理等多个方面。建筑行业会计的发展，不仅推动了建筑行业的现代化和规范化，也为建筑企业的发展提供了重要的支撑。建筑行业会计规范的制定和实施，有利于提升建筑企业的管理水平和经营效率，促进行业的健康发展。

建筑行业会计的发展经历了从古代简单的记账到现代规范化和专业化的过程。建筑行业会计不仅是建筑行业发展的必然产物，同时也是建筑行业现代化和产业化的重要支撑。建筑行业会计的不断发展和完善，将继续推动建筑行业迈向更加规范化、专业化和科学化的方向。

### 1. 古代建筑会计的起源

古代建筑会计的起源可以追溯到古代文明时期。在那个时候，人们开始进行建筑活动，并意识到需要一种方式来管理建筑项目的财务。于是，古代建筑会计应运而生。这种会计方式并不像现代会计那样复杂,而是通过简单的记录和记账方式来管理财务。

古代建筑会计的记录方式非常基础,主要是依靠手工记录。工匠和建筑师会将物资的购买和使用情况手写在简单的账本中。这些记录包括建筑材料的来源、用途、数量以及成本。这样一来,他们就能够清晰地了解项目的开支情况,从而做出合理的预算和决策。

除了对物资的记录,古代建筑会计也涉及人工和时间的管理。工匠们需要记录工人的工时以及工作成果,以便核算成本和工程进度。这些记录对于保证建筑工程的顺利进行和预算的控制起到了至关重要的作用。

古代建筑会计虽然简单,却在当时的建筑活动中扮演着至关重要的角色。通过简单的记录和记账方式,古代人们能够有效地管理建筑项目的财务,确保工程的顺利进行。这种古代建筑会计的实务,为今天的现代会计体系奠定了基础。

**2. 现代建筑会计的发展**

随着社会经济的不断发展和建筑行业的快速增长,现代建筑会计在建筑项目的管理和决策中发挥着越来越重要的作用。在过去,建筑行业的会计管理往往比较落后,对于建筑项目的财务收支情况和成本控制并不是很清晰,这导致了许多建筑项目的盈利能力和经济效益并不理想。随着会计理念的更新和发展,现代建筑会计逐步完善,能够更好地应对建筑行业的需求。

现代建筑会计在建筑项目管理中的作用日益凸显。建筑项目通常涉及巨额资金投入和复杂的资金运作,而会计作为财务管理的重要组成部分,可以通过对项目资金的核算和监控,为项目的决策提供可靠的数据支持。现代建筑会计通过建立完善的成本核算体系和财务预测模型,可以帮助企业更好地掌握项目的成本和收益情况,及时调整经营策略,最大限度地提高项目的经济效益。

现代建筑会计在企业内部的管理中也发挥着至关重要的作用。传统的建筑会计管理往往局限于财务报表的编制和合规审计,缺乏对项目的全面分析和综合管理。而现代建筑会计更加注重对项目的动态监控和成本管控,通过建立多维度的成本管理体系和预算控制机制,帮助企业更好地把控项目成本,提高资金利用效率。

随着现代信息技术的发展和应用,现代建筑会计也在管理工具和方法上得到了极大的丰富和拓展。传统的纸质会计凭证和手工录入的方式已经不能满足建筑行业管理的需求，而现代建筑会计通过引入云端会计、大数据分析和智能财务系统，实现了对项目数据的实时监控和分析，为企业的管理决策提供了更加准确和及时的支持。

随着建筑行业的不断发展，现代建筑会计的重要性越发凸显。通过更加科学、合理的会计管理，可以帮助企业更好地应对市场挑战，提高经济效益，实现可持续发展。建筑企业应该注重加强现代建筑会计理念的学习和实践，提升企业的管理水平和竞争力。

### 3. 数字化革命与建筑会计

数字化革命对建筑会计的影响是巨大的。传统的建筑会计在管理和核算上存在着许多不足，而数字化革命为这一行业带来了前所未有的变革。通过数字化技术和信息系统，会计师能够更加精确地管理项目，实现高效的核算和管理。

在传统的建筑会计中，项目的成本核算往往需要大量的人力和物力投入，并且容易出现错误。数字化革命让这一切变得更加简单和有效。现在，会计师可以通过信息系统实时跟踪项目的成本情况，实现对项目成本的精确核算和管理。这不仅节省了大量的时间和人力成本，还大大减少了出错的可能性，提高了成本核算的准确性和可靠性。

数字化革命也为建筑会计带来了更高效的管理手段。在以往，项目管理往往需要大量的纸质文件和手工记录，不仅容易丢失和混乱，而且工作效率低下。数字化革命让这一切变得过时。现在，会计可以通过信息系统实现对项目进度、质量和安全等方面的全面管理，有效提高了项目管理的效率和质量。

数字化革命让建筑会计实务发生了根本性的变革。通过数字化技术和信息系统的应用，建筑会计实现了对项目更加精确和高效的管理，使得项目成本核算更为准确可靠，项目管理更为高效精准。数字化革命为建筑会计带来了新的发展机遇，也让建筑行业迈向了更加数字化、智能化的未来。

## 二、建筑行业会计的国际化趋势

随着全球化的发展，建筑行业会计也逐渐走向国际化。不同国家和地区的建筑会计规范和实践开始趋于一致，这体现了建筑行业会计国际化的趋势。在这个过程中，建筑行业会计不再局限于单一的国家标准，而是开始对接全球标准，这对建筑行业的发展具有重要意义。

国际化的建筑会计规范有助于促进建筑行业的跨国合作。在全球化的背景下，建筑项目往往涉及多个国家和地区，会计规范的国际化使得不同国家的建筑企业能够在全球范围内更加顺畅地开展合作，共同推动大型建筑项目的实施。这也为建筑企业拓展海外市场提供了便利，促进了国际建筑行业的繁荣。

在国际化的背景下，建筑行业会计规范的趋同化也有助于提升建筑企业的国际竞争力。通过遵循统一的国际会计准则，建筑企业的财务报表更加透明和可比，这有助于吸引更多的跨国投资者和合作伙伴，提升企业的国际形象和声誉。国际化的会计规范也促进了建筑企业管理水平和财务风险控制能力的提升，进一步增强了企业在国际市场的竞争力。

国际化的建筑会计规范也要求建筑企业加强对全球经济形势和国际市场规则的了解和适应，这有助于拓宽企业的国际视野，提升企业管理层的国际化素养。通过学习国际先进的会计理念和实践经验，建筑企业可以更好地应对国际市场的挑战和机遇，为企业的可持续发展奠定更加坚实的基础。

建筑行业会计的国际化趋势是不可逆转的，全球建筑企业需要积极适应这一趋势，不断提高自身的国际化水平，从而在全球建筑市场中抢占先机，取得更大的发展空间。建筑行业会计的国际化趋势，将为建筑行业带来更多的机遇和活力，成为行业持续发展的重要动力。

### 1. 国际会计准则与建筑行业

在建筑行业中，国际会计准则的应用已经成为一种被普遍认可的趋势。随着全球化进程的不断推进，建筑行业也面临着越来越复杂的会计问题和挑战。会计人员需要充分了解并熟悉国际会计准则，以确保他们的工作符合相关的规定和要求。

在这种背景下，建筑行业的会计人员需要对国际会计准则有更深入的理解，并且要能够灵活地应用到具体的实务操作中。例如，在项目成本核算和收入确认方面，会计人员需要遵循国际会计准则的规定，以确保报表的准确性和真实性。在建筑行业中，常常涉及多方合作和跨国运营，因此对于跨国公司来说，更是需要遵守国际会计准则，以确保财务报告的可比性和透明度，从而取得投资者和利益相关方的信任和支持。

除了遵守国际会计准则，建筑行业的会计人员还需要了解相关的规定和标准，以应对行业内特殊的会计实务。例如，建筑公司在资产折旧和摊销、合同成本、现金流量报告等方面都有着独特的会计处理方式。会计人员需要对这些特殊问题有清晰的认识，并且能够根据相关的规定进行准确的会计处理。

国际会计准则在建筑行业的应用对于提高行业的透明度和监管标准具有重要意义。会计人员需要始终关注并遵守相关的准则和规定，不断提高自身的会计专业水平，以适应建筑行业日益复杂和多样化的会计需求。只有这样，建筑行业的财务报告才能更加准确地反映企业的真实财务状况，进而为投资者和利益相关方提供可靠的决策依据，推动建筑行业的可持续发展。

### 2. 跨国公司与建筑会计

在当前全球化的背景下，跨国公司在建筑行业的会计管理变得尤为重要。随着跨国公司在全球范围内开展业务，建筑行业的复杂性和多样性也呈现出前所未有的挑战。会计人员需要具备跨国公司会计的专业知识和必要技能，以应对日益复杂的建筑行业会计实务。

在处理跨国公司的建筑会计事务时，会计人员首先需要考虑国际会计准则和国际财务报告准则，以确保公司的财务信息能够在不同国家之间进行比较和理解。他们还需要了解不同国家的税收法规和会计原则，以确保公司的财务合规性，避免因法律问题导致的财务风险。

跨国公司的建筑项目往往涉及多个国家和地区的合作，这就要求会计人员具备处理跨境货币交易和外汇风险管理的能力。他们需要熟悉国际货币市场和外汇衍生品工具，以有效地管理跨国公司的外汇风险，确保项目的财务稳健性和可持续发展。

除了财务管理方面的挑战，跨国公司的建筑项目还需要会计人员具备跨文化沟通与协调的能力。在不同国家和地区开展业务，会计人员需要理解和尊重不同国家的商业文化，处理好公司与当地合作伙伴之间的关系，确保财务信息的准确性和透明度。

跨国公司在建筑行业的会计实务是复杂而严峻的挑战，需要会计人员具备全面的跨国公司会计知识和技能。只有不断学习和提升自身能力，才能在这个领域中立于不败之地。学习和掌握跨国公司建筑会计实务成为每位专业会计人员的当务之急。

### 3. 国际合作与建筑会计

建筑行业的国际合作越来越频繁，会计人员需要参与并支持国际合作项目的会计事务和报告。随着全球化的发展，建筑行业面临着更多的挑战和机遇，会计人员需要深入了解建筑行业的特点、预算编制与成本控制、合同与支付管理、资产与折旧管理、税务与法律合规、成本会计与绩效评估、财务报告与分析等方面知识，以更好地支持国际合作项目的会计工作。建筑行业作为一个高度复杂和多元化的行业，会计人员在其中扮演着至关重要的角色。建筑行业的特点包括项目周期长、资金投入大、成本控制难度大等。会计人员需要全面了解建筑行业的特点与挑战，以应对日益复杂的会计工作。

预算编制与管理是建筑项目管理的核心环节之一。建筑项目的成本估算与控制方法至关重要，直接关系到项目的利润分析与风险评估。会计人员需要熟悉各种预算与成本控制方法，以确保建筑项目的顺利进行。建筑项目中合同类型与特点各异，对于会计来说，合同的会计处理和付款管理与控制是非常重要的。会计人员需要具备丰富的实践经验和严密的逻辑思维，以保证合同和支付管理的准确性和高效性。

资本支出的会计处理和折旧与摊销计算方法是建筑行业会计实务中的重要一环。资产管理的最佳实践需要会计人员具备过硬的专业知识和细致的工作态度，以确保资产的安全和最大限度地实现资产价值。建筑行业税务问题和法律合规要求与风险需要会计人员及时了解并做出应对。税务筹划与风险管理也是会计人员工作中不可或缺的一部分，需要会计人员综合考虑税务和法律因素，以降低风险并创造更多的利润。

成本分析与管理、绩效评估与指标、成本控制的方法与工具，这些都需要会计人员在实务中不断学习和提高自己的能力与水平，以应对建筑行业日新月异的变化。建筑行业财务报表的编制与解释、财务分析与比较、财务报告的解释与应用是会计工作中需要重点关注和不断提高的一项工作。数字化革命与建筑会计、可持续建筑与绿色会计、建筑行业会计的未来展望是建筑行业会计需要持续关注和学习的重要方向，会计人员要不断提升自己的素质和实力，以适应未来趋势和创新的发展需要。

### 三、未来展望与创新

房屋建筑装修会计实务的未来展望与创新，将主要集中在数字化革命、可持续建筑和绿色会计等领域。随着科技的飞速发展，建筑行业会计将迎来数字化革命的时代。未来，建筑行业会计将更加依赖大数据、人工智能和区块链等技术，以提高数据处理和分析的效率和准确性。数字化革命将使建筑行业的会计实务更加智能化、精细化，为企业提供更加准确、及时的财务信息，助力企业决策和风险控制。除了数字化革命，未来建筑行业会计的发展还将重点关注可持续建筑和绿色会计。随着全球对于可持续发展的关注不断增加，建筑行业也将向着可持续、环保的方向发展。未来，建筑行业会计将更加关注企业的环保成本和效益，推动企业向绿色可持续发展方向转变。绿色会计将成为建筑行业的重要发展方向，未来会计人员将需要掌握环保成本核算、环境效益评价等专业知识，为企业的可持续发展提供支持。未来建筑行业会计将在数字化革命、可持续建筑和绿色会计等领域迎来新的发展机遇，会计人员只有不断学习和更新知识，与时俱进，才能更好地适应行业发展的需要。

### 1. 数字化革命与建筑会计

数字化技术的飞速发展正在深刻地影响着各行各业，建筑行业也不例外。在数字化革命的浪潮下，建筑会计这一传统行业也必须紧跟时代的步伐，不断学习和适应新的技术和工具。数字化技术将会对建筑会计的工作方式和内容产生深远影响，会计人员需要做好迎接变革的准备。

随着人工智能、大数据和云计算等技术的日益成熟，建筑会计将迎来前所未有的改变。传统的人工核算和报表制作将会被更加智能化的系统取代，大数据分析将为建筑会计提供更为精准和实时的数据支持。会计人员需要学习掌握这些新技术，了解如何运用它们来优化建筑项目的财务管理和决策分析。

除了技术工具的更新，数字化革命还将深刻改变建筑会计的工作方式。传统的办公室文书工作将会逐渐被更加灵活的远程办公取代，会计人员可以通过云平台轻松地实现远程协作和数据共享。这对于建筑行业来说意味着更高效的项目管理和成本控制，同时也为会计人员提供了更灵活的工作条件和生活方式。

数字化革命也带来了一些新的挑战和风险。建筑会计需要更加关注数据安全和隐私保护，避免因为技术漏洞导致敏感信息泄漏。数字化工具的普及也要求会计人员具备更强的信息技术安全意识和应对能力，以确保财务数据不受到恶意攻击。

数字化革命正在深刻地改变着建筑会计行业。会计人员需要不断学习和适应新的技术和工具，以应对日益复杂的项目管理和财务分析需求。只有紧跟时代步伐，及时更新自己的知识和技能，建筑会计才能在数字化时代中立于不败之地。

### 2. 可持续建筑与绿色会计

可持续建筑与绿色会计成为未来建筑行业发展的重要方向，主要体现在建筑及装修过程中的资源利用、节能减排和环境保护方面。这也意味着会计人员和财务管理需要更加关注和应对相关挑战。

在可持续建筑中，建筑材料的选择和使用对于资源利用和环境影响至关重要。会计人员需要关注建筑材料采购的成本以及材料的可持续性评估，确保使用符合环保标准的材料，并且需披露相关的信息，以便管理者和投资者更好地了解企业的环境友好型。

节能减排也是可持续建筑的重要方面。在建筑装修过程中，会计人员应当关注能源消耗和减排措施的成本和效益，并将相关成本纳入财务管理中进行评估和控制。会计人员还需要准确记录和汇报建筑使用的能源类型和消耗情况，以符合相关环保法规的要求。

环境保护也是可持续建筑所关注的重点。会计人员需要关注在建筑和装修过程中产生的废物处理成本以及公司所承担的环境保护责任。会计人员还需要对环保投入和效益进行核算，并准确披露相关信息，以展现企业的环保社会责任，为投资者和利益相关方提供全面的环境信息。

可持续建筑与绿色会计是未来建筑行业不可忽视的发展方向，会计人员和财务管理在此过程中起着至关重要的作用。只有重视和适应这一发展趋势，企业才能真正在可持续建筑中取得成功，为社会和环境做出更大的贡献。

### 3. 建筑行业会计的未来展望

作为建筑行业的重要组成部分，建筑行业会计在未来将会继续发展和创新。随着科技的不断进步和市场竞争的加剧，建筑行业对会计的需求也变得更加迫切。未来，建筑行业会计将会面临更多的挑战和机遇，需要不断提高自身的专业水平和服务质量，以适应行业发展的需要。

在未来的发展中，建筑行业会计将会更加注重财务信息的精确性和高效性。随着建筑项目规模的不断扩大和复杂程度的增加，对财务信息的准确和及时性要求也越来越高。建筑行业会计需要在财务管理工作中不断引入先进的财务信息管理系统和技术手段，提高财务数据的采集和处理效率，确保项目成本和财务风险的控制。

建筑行业会计在未来还将更加注重管理决策的支持作用。随着建筑行业市场竞争的激烈和项目管理的复杂性，会计专业人士需要具备更多的管理决策能力，能够基于财务数据给出科学的建议和预测，为企业的发展提供有力的支持。未来，建筑行业会计将会更加注重跨部门协作和数据分析能力的培养，以提升自身的综合素质和专业能力。

未来建筑行业会计还将更加注重风险管理和合规性。随着建筑项目的不确定性和风险的增加，会计专业人士需要具备更强的风险意识和应对能力，能够及时发现和应对项目中的财务风险，并确保企业合规经营。未来建筑行业会计将会更加注重风险管理和合规性培训，提升从业人员的风险意识和应对能力，以保障企业的可持续发展和稳健经营。

建筑行业会计在未来将会继续发展和创新，为建筑项目的管理和决策提供更加精确和高效的财务支持。未来的建筑行业会计需要不断提高自身的专业水平和服务质量，注重财务信息管理和决策支持能力的培养，同时更加注重风险管理和合规性，以适应行业的发展需要。建筑行业会计的未来展望是充满挑战和机遇的，我们期待着未来建筑行业会计在行业发展中发挥更加重要的作用。

# 第 2 章

# 建筑项目预算与成本控制

本章介绍建筑项目预算与成本控制的关键要素和方法。阐述预算编制与管理的重要性,强调预算的编制过程和预算控制的关键点以及预算与实际成本的比较和分析。介绍建筑项目的成本估算与控制方法,包括直接成本和间接成本的估算以及成本控制的关键环节和措施。讲解利润分析与风险评估的方法和工具,包括项目利润率的计算和风险管理的策略。通过本章的学习,读者将掌握建筑项目预算与成本控制的基本原理和实践技巧,为项目管理和决策提供有力支持。

# 预算编制与管理

建筑项目预算是建筑企业管理的重要组成部分，能够帮助企业管理者进行成本控制和决策。预算编制的核心是确定项目的费用结构和工程量，对于建筑企业而言，预算编制还需要考虑市场竞争、风险管理、供应链管理等因素。

## 一、预算编制的基本原则

预算编制的基本原则是整个预算过程中的基石，它的贯彻执行对于房屋建筑装修会计实务具有至关重要的意义。全面性是指预算编制应该包括所有相关方面的费用和收入，不能有遗漏。这意味着在编制预算时，需要考虑到房屋建筑装修的各个环节和细节，包括材料采购、人工费用、设备租赁等。这样才能确保预算的全面性和完整性。

准确性是指预算编制的数据应该尽可能准确，以便为实际执行提供可靠的依据。在房屋建筑装修的预算编制过程中，需要充分了解市场行情和实际情况，确保材料价格、人工费用等数据的准确性，以避免因数据偏差导致预算执行的不稳定性。

可靠性是指预算编制应该建立在可靠的基础上，基于真实的数据和合理的假设。在装修预算中，需要考虑到各种可能的情况，并进行合理的预测和估算，以确保预算的可靠性和有效性。只有这样，才能在实际执行中发挥预算的指导作用。

合理性是指预算应该符合实际情况和合理经济原则，不应过度浪费或节约不当。在房屋建筑装修预算编制中，需要综合考虑各种因素，确保预算的合理性，不仅要满足装修的需求，还要在经济上可行。

控制性是指预算应该具有一定的控制作用，能够对实际执行进行有效的监控和调整。在装修预算中，需要设置相应的监控指标和控制措施，及时发现问题并进行调整，以确保预算的控制性和执行效果。

预算编制的基本原则包括全面性、准确性、可靠性、合理性、控制性等，这些原则不仅对于房屋建筑装修会计实务具有重要意义，也是保障预算执行效果和经济效益的关键。在实际工作中，要始终牢记这些原则，确保预算的科学性和有效性。

## 1. 预算编制的范围和内容

在房屋建筑装修会计实务中,预算编制是一项至关重要的工作。其范围和内容涉及多个方面,包括但不限于人力资源、物资采购、建筑工程、机械设备等。在预算编制过程中,需要全面考虑到这些方面的费用,以确保建筑装修项目的顺利进行并且达到预期标准。

在预算编制的范围和内容中,人力资源是一个至关重要的部分。这包括了工程师、设计师、技工等人员的工资和福利待遇。在编制预算时,需要考虑到他们的工作时间、工作强度、专业水平等因素,以确保合理地安排人力资源,并且保证项目的顺利进行。

在预算编制过程中,物资采购也是一个不可忽视的方面。这包括了建筑材料、装修材料、施工设备等的采购成本。在编制预算时,需要全面考虑这些材料的价格、数量、品质等因素,以确保项目的质量和进度。

在房屋建筑装修会计实务中,建筑工程的费用也占据着相当大的比重。这包括了土地开发、基础施工、主体结构、装饰装修等各个环节的成本。在预算编制中,需要对这些工程的各个环节进行详细的分析和预测,以确保资金的合理分配和使用。

机械设备的费用也是预算编制的重要内容之一。这包括了各种施工机械、运输车辆、起重设备等的成本。在编制预算时,需要充分考虑这些机械设备的租赁费用、使用成本、维护费用等因素,以确保项目需要的机械设备能够得到合理的保障和支持。

预算编制的范围和内容涉及的方面非常广泛,并且需要全面考虑各种因素以确保项目的顺利进行。只有在充分考虑到人力资源、物资采购、建筑工程、机械设备等方面的费用后,才能制订出合理有效的预算计划,实现建筑装修项目的顺利进行并且达到预期标准。

## 2. 编制预算的方法和步骤

房屋建筑装修会计实务是一个复杂的领域,而编制预算作为其中的重要环节更是需要认真对待。在进行房屋建筑装修预算编制时,需要遵循一定的方法和步骤,以确保预算的准确性和合理性。接下来将介绍编制预算的方法和步骤,以帮助读者更好地理解这一过程。

审查历史数据是编制预算的重要一步。通过仔细分析过往的装修项目数据,可以了解各种费用的变化趋势和原因,从而为新的项目做出合理的预算安排。这包括审查过往装修项目的材料费用、人工费用、设备费用等各项支出以及实际花费与预算花费之间的差异。只有通过对历史数据的仔细审查，才能更好地制定出符合实际情况的预算指标。

在制定预算指标时，需要充分考虑项目特点和实际需求。预算指标应当包括各项支出的具体数额和使用范围以及对应的时间节点和支付方式。为了确保预算指标的准确性和全面性，需要与项目相关的各方进行充分沟通和协商，充分了解他们的需求和期望，以便为预算编制提供更为准确和完备的信息。

编制预算方案是一个系统性的工作，需要全面考虑各方面的因素。在编制预算方案时，应当将各项支出按照项目进度和实际需求进行科学分配和安排，确保预算的合理性和可行性。还需要充分考虑各种不确定因素和风险因素，制定相应的对策和预案，以应对可能出现的各种情况。

在审核预算方案时，需要进行严格的审查和评估。这包括对预算方案的合理性和可行性进行全面检查，确保各项支出的预算数额和预算时间的安排是合理的和可行的。在审核预算方案时，还需要仔细审查各项费用的预算依据和计算方式，以确认其准确性和合理性。

编制预算是一个复杂而又重要的工作，需要遵循一定的方法和步骤，以确保预算的准确性和合理性。通过审查历史数据、制定预算指标、编制预算方案、审核预算方案等一系列步骤，可以帮助项目相关人员更好地掌握预算编制的要领，为房屋建筑装修项目提供更为科学合理的预算安排。

### 3. 预算管理的制度和措施

房屋建筑装修是一个复杂的项目，需要精确的预算管理制度和措施来确保项目顺利进行。预算管理的制度和措施包括预算执行监督、预算调整和预算绩效评估等方面。预算执行监督是确保预算资金有效利用的重要手段。在房屋建筑装修过程中，预算执行监督可以通过设立专门的预算管理部门或者委托专业的预算管理机构来实施。这些机构可以负责监督预算的使用情况，及时发现和解决预算执行中的问题，确保资金使用得透明和规范。预算调整也是预算管理的重要制度之一。在房屋建筑装修过程中，可能会出现一些不可预料的情况，导致原先的预算无法满足实际需求。这时，就需要对预算进行调整，以保证项目的顺利进行。预算调整需要严格的程序和依据，同时还需要充分考虑到各方的利益和项目的整体目标。预算绩效评估也是预算管理中不可或缺的环节。通过对预算执行情况的评估，可以及时发现问题并提出改进措施，确保未来的预算管理工作更加科学和有效。预算绩效评估需要对预算执行情况进行全面、客观的评价，切实发挥其监督和激励作用，促进预算管理工作的不断完善和发展。通过建立健全的预算管理制度和措施，可以有效提高房屋建筑装修的预算管理水平，确保项目能够按时、按质完成。

## 二、预算编制的技术要求

房屋建筑装修预算编制是一项技术要求极高的工作，涉及数据分析、方案设计、质量控制、进度管理等多个方面。在进行预算编制时，首先需要进行充分的数据分析，包括对材料价格、人工成本、设备租赁等方面的数据进行收集和分析，以确保预算的准确性和可行性。还需要进行方案设计，即根据工程的实际需求和预算限制，找到最优的装修方案，既满足需求又节约成本。质量控制也是预算编制中不可忽视的一部分，需要对材料和施工质量进行严格把控，以保证预算的执行不会因为质量问题而出现偏差。对工程进度的管理也是至关重要的，需要对工期进行合理安排，并配合合适的资源调配，以确保预算的执行进度顺利推进。预算编制的技术要求不仅仅是数据分析，更是一个综合性的工作，需要各个方面的技术支持和严格把控，才能确保建筑装修工程的顺利进行和预算的合理执行。

### 1. 预算数据的收集和分析

房屋建筑装修是一个需要精心筹划和预算的复杂过程。在进行房屋建筑装修会计实务时，收集和分析预算数据是至关重要的一步。预算数据的收集是指通过各种渠道获取相关信息和数据，而分析则是对这些数据进行逐一审视和比对，以便作出合理的预算安排。在这一过程中，历史数据、市场研究、技术分析和成本分析等都是关键的内容。

历史数据是预算数据收集的重要参考。通过梳理过往的装修项目，可以发现一些规律和经验，为当前的预算提供有益的参考。历史数据包括装修材料和劳动力的价格走势、市场需求的变化等内容。通过对历史数据的分析，可以更好地把握当前的市场态势，为预算提供更为准确的数据基础。

市场研究也是预算数据收集的重要环节。对当地装修市场的调研，包括装修材料的种类和价格、人工费用的水平、装修风格的流行趋势等内容都是收集预算数据的重要内容。通过深入的市场调研，可以更好地了解市场的供需关系和价格走势，有针对性地制定预算方案，避免出现在预算安排上的盲目性和不确定性。

技术分析是预算数据分析的一个重要环节。在装修过程中，涉及各种材料和工艺，而技术的先进与否直接关系到预算的合理性和有效性。对于新型材料的使用、新工艺的应用等都需要进行技术分析，以确保预算的技术含量和可行性。

成本分析是预算数据收集和分析的关键环节。成本分析涉及装修过程中的各种费用，包括材料费、人工费、管理费等。通过分析这些成本，可以为预算提供更为详细和全面的数据支持，有针对性地进行预算安排。成本分析也有助于在预算过程中发现潜在的节约空间，提高预算的有效利用程度。

预算数据收集和分析是房屋建筑装修会计实务中不可或缺的重要环节。通过对历史数据、市场研究、技术分析和成本分析的深入探讨，可以为预算提供更为全面和准确的数据支持，为装修项目的顺利进行提供强有力的保障。

### 2. 预算方案的设计和制定

在进行房屋建筑装修会计实务方面的预算方案设计和制定时，首先需要考虑的是技术方案。技术方案的设计是整个预算过程的关键，需要详细列出装修的具体内容，包括材料和人工费用的预估，确保在施工过程中不会因为技术方案不清晰而导致预算的失控。物资采购方案也是预算制定中不可忽视的部分。在这一阶段，需要对所需的装修材料罗列详细清单，并对每一种材料的价格和数量进行准确的估算，以便在实际采购时能更好地控制成本。施工方案也是预算设计的重要组成部分。在制定施工方案时，需要考虑施工工艺、施工周期、人工成本等多个方面的因素，确保施工过程中不会因为一些意外因素而导致预算超支。在预算方案的设计和制定过程中，需要全面考虑技术方案、物资采购方案、施工方案等多个方面的因素，以确保预算的准确性和全面性。

### 3. 预算质量的控制和管理

在房屋建筑装修会计实务中，预算质量的控制和管理是至关重要的。在进行预算编制的过程中，需要进行严格的预算审核，确保预算的准确性和合理性。预算审核应该包括对各项费用的详细审查和核对，以确保没有任何经费浪费和滥用的情况发生。预算审核也应该对不同的建筑装修项目进行比对分析，确保每个项目的预算都在合理的范围内。

除了预算审核外，预算调整也是保证预算质量的重要环节。在实际施工和装修过程中，难免会出现一些意外情况或者需求变更，这就需要对预算进行灵活的调整。但是，预算调整必须经过严格的程序和审核，避免随意更改预算而导致经费超支或者浪费的情况发生。预算调整应该在充分了解实际情况和合理论证的前提下进行，确保预算的科学性和合理性。

在预算质量的控制和管理中，预算监督也是至关重要的一环。通过对预算执行过程的监督，可以及时发现问题并进行调整。预算监督应该涵盖预算执行的各个环节，包括材料采购、施工和人工成本、工期控制等。只有通过全面的预算监督，才能够有效控制预算的质量，避免出现不必要的损失和浪费。

对预算质量进行绩效评估也是预算管理的重要环节。绩效评估可以通过比对预算执行情况和实际效果，判断预算的科学性和合理性。通过绩效评估，可以发现预算执行中的问题和不足，并及时调整和改进预算管理的政策和措施，以提高预算的质量和效益。

通过预算审核、预算调整、预算监督和预算绩效评估等一系列措施的全面实施，可以有效控制和管理房屋建筑装修会计实务中的预算质量，确保预算的合理性和科学性，避免经费的浪费和滥用，从而提高项目的经济效益和社会效益。

### 三、预算编制的实践问题

房屋建筑装修会计实务是一个需要细致严谨的领域，其中预算编制是一个至关重要的环节。在实践中，预算编制涉及多方面的问题，包括时间节点、难点和风险等方面。

预算编制的时间节点是一个需要重点考虑的问题。在房屋建筑装修过程中，预算编制需要在项目启动前的早期阶段就开始进行，以确保在整个项目周期内都能够有效地进行资金控制和管理。预算编制的时间节点需要与项目进度紧密衔接，以免造成预算编制过程中的信息滞后或不准确，影响整个项目的进展。

预算编制中的难点也是一个需要重视的问题。房屋建筑装修涉及诸多因素，如材料价格的波动、人工成本的变化以及工程设计的调整等，这些因素都会给预算编制带来一定的困难。在实践中需要充分考虑这些难点，并制定相应的对策和应对方案，以确保预算编制的有效性和准确性。

预算编制中的风险也是一个需要重点关注的问题。由于行业内外部环境的变化，在预算编制过程中存在着不确定性和风险。比如材料供应商的倒闭、在工程施工过程中的安全事故等，这些突发事件都可能对预算编制造成影响。

在实践中需要做好风险评估和管控工作，确保预算编制的稳定性和可靠性。

预算编制的实践问题在房屋建筑装修会计实务中扮演着至关重要的角色。只有在实践中充分考虑时间节点、难点和风险等方面的问题，才能够有效地进行预算编制工作，实现对资金的有效管理和控制，为整个项目的顺利进行提供保障。

### 1. 预算编制的时间节点

在房屋建筑装修会计实务中，预算编制是一个至关重要的环节，涉及建筑项目的各个阶段、年度预算和季度预算编制等。建筑项目阶段是预算编制的重要时间节点之一。在项目开始之初，必须进行预算编制，以确保项目能够按时按质完成。这个阶段需要考虑项目的规模、时间、人力资源、原材料等各项成本，确保项目在合理的预算范围内进行。年度预算编制也是至关重要的。在每个财政年度开始之前，相关部门需要对整年的建筑装修项目进行预算编制，这需要考虑到年度的实际施工情况及市场变化等多种因素，以保证整个年度的施工计划能够顺利进行。季度预算编制也是必不可少的。在年度预算基础上，还需要根据施工实际情况和市场变化进行季度预算编制，以及时调整预算方案，确保项目的进度和质量都能够得到保障。预算编制的时间节点是建筑装修会计实务中不可或缺的一部分，只有合理规划和及时调整，才能保证项目的顺利进行和财务的有效控制。

### 2. 预算编制的难点

预算编制的难点在于需要面对各种各样的挑战和困难。一个主要的困难在于数据的不完整。在预算编制的过程中，要收集大量的数据，包括建筑材料的价格、劳工成本、市场行情等等。有时候这些数据并不完全可得，或者是存在着不确定性。这就需要预算编制者通过各种渠道获取数据，进行合理推测和估计，以尽量减少数据不全带来的不确定性。

数据的准确性也是预算编制中的一个难点。即便是能够获取到一定范围的数据，但这些数据的准确性也难以保证。例如，建筑材料市场行情常常受到多种因素的影响，价格波动较大。在这种情况下，预算编制者需要进行谨慎分析和判断，以确保数据的准确性，从而避免因为数据错误而影响整个预算方案的合理性和有效性。

预算方案的合理性也是一个需要面对的挑战。在预算编制的过程中，需要考虑各种各样的因素，比如建筑材料的选择、劳工成本的控制、市场行情的波动等等。这就需要预算编制者对各种因素进行全面的考量和权衡，以确定一个既符合实际情况又能够最大限度地利益最大化的预算方案。这个过程需要对市场的敏锐观察和全面分析，而这也是一个相对复杂和困难的工作。

预算编制是一个需要面对各种挑战和困难的工作。数据的不全和不准确性，以及预算方案的合理性都是预算编制中需要面对的难点。只有通过全面准确的数据收集和分析，以及对各种因素的深入思考和权衡，才能够制定出一个合理可行的预算方案，从而有效地指导和管理房屋建筑装修的实际工作。

**3. 预算编制的风险**

预算编制在房屋建筑装修会计实务中扮演着至关重要的角色，在预算编制过程中存在着诸多风险。成本超支是预算编制过程中最常见的问题之一。在编制预算时，如果未能充分考虑到各项成本，或是低估了实际所需的资金，就会导致成本超支的风险。这样一来，一旦施工过程中出现额外的费用需求，就会导致资金不足，甚至可能影响整个项目的进展。

工期延误也是房屋建筑装修中常见的问题之一。在预算编制过程中，如果未能准确评估施工所需的时间和工期，就会面临工期延误的风险。工期延误不仅会导致施工周期的延长，也可能因此而产生额外的人工和材料成本，从而进一步加剧成本超支的问题。

质量问题也是预算编制风险的重要组成部分。由于在预算编制过程中往往难以全面考虑到各个环节对质量的影响，因此存在着质量问题的风险。如果在预算编制阶段未能充分考虑到质量控制所需的费用，那么很可能在施工过程中面临质量问题，比如材料选用不当、施工工艺不合理等，从而无法如期完成项目，甚至需要重做，导致项目整体成本的增加。

在房屋建筑装修会计实务中，预算编制的风险不可忽视。只有全面了解这些风险，并在预算编制过程中采取相应的措施加以规避，才能更好地控制项目的成本、工期和质量，确保项目顺利进行并取得成功。

# 成本估算与控制方法

建筑项目成本控制是建筑企业管理的主要任务之一。成本估算需要考虑多个因素，包括人工成本、材料成本、设备成本、管理成本、风险成本等。成本控制需要采用科学的方法和工具，包括成本控制表、成本指标、成本分析等。

## 一、成本估算的方法和步骤

房屋建筑装修的成本估算是施工过程中至关重要的一步。要准确估算装修成本，需要采用一系列的方法和步骤。工程量清单是成本估算的基础，需要对装修工程所需的材料和人工进行清单列举，并计算出相应的数量和费用。在进行价格调查时，需要对各项材料的市场价格进行调查，包括砖瓦、油漆、木材等，以确保估算的准确性。市场分析也是必不可少的一环，需要考虑当前市场行情和趋势以及可能对成本造成影响的因素。经过以上步骤得出的数据将用于成本计算，包括材料费、人工费、设备费等，以得出最终的成本估算结果。

在工程量清单的编制过程中，需要对装修工程所需的材料进行细致的核对和清单列举，确保没有遗漏，并对每一样材料的使用量进行合理估算。也需要考虑到装修工程的实际情况，比如特殊材料的使用量和加工费用等，以保证成本估算的全面性和准确性。还需要对人工工时进行详细的计算，考虑到装修工序的复杂性和人工操作时间的合理安排，以确保人工费用的合理估算。

价格调查是成本估算中不可或缺的一环。在进行价格调查时，需要对各项材料的市场价格进行实地走访和咨询，以获取最新的价格信息。也需要注意到各种不同品牌和规格的材料可能会存在价格差异，需要进行详细的比较和分析。还需要考虑到市场供需关系的影响因素以及季节性价格波动等因素，以确保成本估算的准确性和全面性。

在进行市场分析时，需要从宏观和微观两个层面进行考虑。从宏观层面，需要考虑当前的宏观经济形势对建筑材料价格的影响以及政策调整和市场变化可能对成本造成的影响。从微观层面，需要考虑地区性的市场行情和特殊因素对成本的影响，比如当地的供求关系和交通运输成本等。只有对市场进行全面细致的分析，才能做出准确的成本估算。

经过以上步骤得出的数据将用于成本计算，需要进行整体的综合和比对，以得出最终的成本估算结果。在这一步骤中，需要对材料费、人工费、设备费等进行综合计算，并进行预算和核算。只有通过严谨的成本计算，才能得出准确可靠的装修成本估算结果。

### 1. 工程量清单的编制

在房屋建筑装修会计实务中，工程量清单的编制是至关重要的一环。我们需要对工程项目进行合理的划分，将整个装修项目细化为不同的工程部分，如水电工程、木工程、油漆工程等。对于每个工程部分，需要进行详细的工程量计算，确保每个细节都得到充分的考虑和计算。根据工程量计算的结果，编制出完整的工程量清单，详细列出每项工程量项目及对应的数量和规格。通过这样的工程量清单编制，不仅可以为装修工程提供详细的施工指南，还能够为装修成本的控制和核算提供重要依据。

在进行工程量清单的编制时，需要注意各项工程量的计算方法和标准。对于不同的工程部分，其计算方法可能会有所不同，因此需要根据实际情况选择合适的计算标准。在进行工程量计算时，还需要考虑到材料的实际使用量和损耗率，确保计算结果的准确性和充分性。还需要关注装修工程中可能存在的特殊情况，如异形构件的计算、特殊工艺的计算等，确保工程量清单的完整性和准确性。通过严格的工程量计算和清单编制，可以有效规避在装修过程中可能出现的漏算和计算错误，为装修工程提供更加可靠的数据支持。

除了工程量清单的编制，还需要对工程项目的变更和调整进行合理管理。在装修工程进行过程中，可能会出现施工图纸的调整、工程材料的更换等情况，因此需要及时对工程量清单进行更新和调整。对于新增或减少的工程量项目，需要进行合理的核算和计算，确保清单的完整性和准确性。在实际的装修会计实务中，及时更新工程量清单对于控制成本、保证施工质量都具有重要意义。

工程量清单的编制是装修会计实务中非常重要的一环，它不仅可以为装修工程提供详细的指导和依据，还能够为装修成本的控制和核算提供重要支持。通过合理的工程量计算和清单编制，可以有效规避装修过程中可能出现的漏算和计算错误，保障装修工程的顺利进行和质量保证。

### 2. 价格调查和市场分析

房屋建筑装修会计实务是一个涉及多方面的复杂领域，其中价格调查和市场分析是至关重要的一环。在进行任何建筑装修项目之前，进行全面的价格调查和市场分析是至关重要的，这可以帮助确保项目的成本控制和市场竞争力。

价格调查是指对建筑装修所需材料、劳动力成本等进行全面的调查和分析。在采购渠道方面，可以通过与各种供应商或承包商进行沟通和比较，以获取最优惠的价格。要考虑到不同供应商的信誉和服务质量，确保所采购的材料和服务符合质量标准。还需要对市场价格趋势进行研究，以预测未来价格的变化，从而制订合理的采购计划。

市场分析不仅包括价格调查，还包括对市场竞争的综合分析。在市场竞争方面，需要了解潜在竞争对手的情况，包括其产品、价格和服务。通过对竞争对手的研究分析，可以找到自身的市场定位和竞争优势，从而制定有效的市场营销策略。还需对目标市场的需求和偏好进行调查，以确保所提供的产品和服务能够满足市场需求，提升市场竞争力。

在房屋建筑装修项目中，价格调查和市场分析的重要性不言而喻。通过全面的调查和分析，可以帮助企业找到最优的采购渠道和价格，提升成本控制能力；还可以帮助企业了解市场竞争情况，制定有效的营销策略，提升市场竞争力。建议在进行任何装修项目之前，务必进行价格调查和市场分析，以确保项目的顺利进行和成功完成。

### 3. 成本计算和成本控制

房屋建筑装修会计实务是一个复杂的领域，其中成本计算和成本控制扮演着至关重要的角色。在进行房屋建筑装修的过程中，正确的成本计算和成本控制可以帮助企业更有效地管理资源，提高效益，实现可持续发展。本部分将深入介绍成本计算和成本控制的相关内容，包括成本构成、成本分析、成本控制方法等，为读者提供全面的理论知识和实践技能。

让我们来看成本计算的基础，成本构成是指房屋建筑装修的各项成本构成要素，包括直接材料成本、直接人工成本、制造费用和间接费用等。对于房屋建筑装修而言，直接材料成本是建筑材料的采购成本，直接人工成本是施工工人的工资和福利费用，制造费用包括机械设备折旧、维修费用等，间接费用则包括管理费用、销售费用等。了解成本构成的要素是进行成本计算的基础，只有清晰地掌握了这些构成要素，才能进行准确的成本计算和分析。

成本分析是成本计算的重要环节，通过成本分析可以深入了解各项成本的构成和分布情况。在房屋建筑装修领域，往往存在着多种成本构成要素交织在一起的情况，需要进行细致的成本分析才能明晰各项成本的来源和分布规律。通过成本分析，企业可以对成本进行分类和归集，找出成本波动的原因，并采取相应的控制措施。比如，针对某项成本高企的情况，可以通过成本分析找出导致成本增加的原因，并在此基础上采取成本控制措施，确保成本在可控范围内。通过成本分析，企业可以深刻了解自己的经营状况，识别并改善存在的问题，提高经营效益。

了解成本控制方法对于有效管理房屋建筑装修成本至关重要。成本控制方法包括了标准成本法、直接成本法、差别分析法等，企业可以根据自身的实际情况选择合适的控制方法。标准成本法是指根据实际发生的成本与预算成本进行对比，直接成本法是将成本分为固定成本和变动成本进行控制，而差别分析法则是通过分析实际成本与预期成本之间的差异来找出问题并加以解决。选择合适的成本控制方法可以帮助企业更好地把握成本控制的重点，实现成本的有效管理。

在房屋建筑装修会计实务中，成本计算和成本控制是至关重要的环节。通过建立健全的成本计算体系、进行深入的成本分析、选择合适的成本控制方法，企业可以更好地管理和控制成本，实现经营效益的最大化。希望本部分内容能够为读者提供有益的知识和实践经验，帮助他们更好地应对房屋建筑装修会计实务中的各种挑战。

## 二、成本控制的策略和方法

房屋建筑装修是一个复杂的过程，成本控制对于整个项目的成功至关重要。在进行房屋建筑装修时，我们可以采取一系列的策略和方法来控制成本，从而确保项目能够按时完成并在预算内。

工程设计优化是一个非常重要的成本控制策略。通过精心的工程设计，我们可以在不影响建筑质量的前提下降低成本。比如，在设计阶段就充分考虑到装修材料的选择和使用，避免不必要的浪费，在施工过程中减少额外的修改和调整。这样就能在源头上减少成本支出，提高资源利用效率。

物资采购优化也是成本控制的重要方法。选择合适的供应商，制订合理的供应计划，能够帮助我们获得更优惠的价格，降低采购成本。合理规划采购数量，避免物资过剩或者不足，也是非常重要的。通过优化物资采购流程，我们能够有效节约成本，提高采购效率。

施工管理优化也是不可忽视的成本控制策略。合理安排施工进度，避免因施工组织不当而导致的资源浪费和成本增加。加强对施工队伍的管理，提高施工效率，减少人力和时间成本。严格把控施工质量，避免施工质量不达标而导致的二次修缮，从而增加成本支出。

通过工程设计优化、物资采购优化和施工管理优化，我们可以有效控制房屋建筑装修的成本，确保项目的顺利进行。这些成本控制的策略和方法不仅能够帮助我们在装修过程中节约成本，还能够提高项目的整体效率和质量，是非常值得推广和应用的。

### 1. 工程设计优化

房屋建筑装修会计实务在工程设计优化方面扮演着至关重要的角色。工程设计优化是指在满足建筑功能和性能要求的前提下，通过选择、评估和优化设计方案，以实现对建筑结构、材料和系统等方面的最佳组合。设计方案的选择是工程设计优化的首要步骤。在选择设计方案时，需要考虑建筑的用途、地理环境、气候条件等因素，以及相关的法规标准和技术要求。还需要综合考虑建筑的可行性、经济性和可持续性，从而确定最佳的设计方案。

设计方案的评估是工程设计优化的关键环节。通过对不同设计方案进行技术经济比较和综合评价，可以确定各方案的优缺点，为优化设计方案提供依据。评估的内容涵盖了建筑结构、材料选用、施工工艺、能源利用等多个方面，需要进行综合分析和评判。在评估过程中，要充分考虑建筑的整体性和系统性，确保评估结果客观准确、全面合理。

设计方案的优化是工程设计优化的目标和结果。通过对评估结果进行分析和比较，可以对设计方案进行进一步的优化调整，使其在满足建筑功能和性能要求的基础上，达到最佳的经济效益和社会效益。优化的内容涵盖了结构形式优化、材料选用优化、施工工艺优化、能源利用优化等多个方面，需要进行系统的设计和方案比较。通过设计方案的逐步优化，可以实现建筑的整体性能的提升，为房屋建筑装修会计实务提供可靠的技术支持和保障。

### 2. 物资采购优化

房屋建筑装修项目的物资采购是一个非常重要的环节，物资的质量和采购方式直接影响到整个项目的成本和工程质量。对于物资采购的优化是至关重要的。在进行物资采购优化时，首先需要选择合适的采购渠道。这包括了对供应商的选择和评估以及对不同渠道的比较和取舍。优化采购方式也是非常重要的一环。采用合适的采购方式可以有效降低成本，提高采购效率。保证物资的质量也是不可忽视的。在采购过程中，需要建立严格的质量管理体系，保证所采购的物资符合相关标准和要求，从而保证整个项目的顺利进行。通过以上的优化措施，可以有效降低成本，提高效率，保证项目的顺利进行。

### 3. 施工管理优化

房屋建筑装修是一个复杂的过程，需要施工管理的精准和优化。在施工管理优化方面，需要考虑施工进度的控制、人力资源的管理以及安全管理等方面。施工进度的控制是非常关键的，因为任何延误都可能导致成本的增加和客户满意度的降低。施工管理人员需要制订详细的施工计划，并严格执行，确保工程进度在可控范围内。考虑到施工现场的复杂性，人力资源的合理管理也是至关重要的。施工管理人员需要根据工程的实际情况，合理安排施工人员的工作任务以及确保他们的工作环境与工作条件符合安全规范，从而提高工作效率。安全管理也是施工管理优化的重要内容。在房屋建筑装修施工现场，存在着各种安全隐患，如高空作业、电气设备使用等。施工管理人员需要制定详细的安全管理制度，并严格执行，以确保施工现场的安全，减少事故的发生。通过对施工管理的优化，可以提高施工效率，降低施工成本，从而实现良好的建筑装修效果。

# 利润分析与风险评估

建筑项目利润分析与风险评估是建筑企业管理的重要组成部分。利润分析需要考虑多个因素，包括收入、成本、利润率、市场竞争等。风险评估需要考虑多个因素，包括政策风险、市场风险、技术风险等。

## 一、利润分析的基本概念和方法

利润分析是房屋建筑装修会计实务中至关重要的一环。通过利润分析，我们可以了解项目的盈利能力和效益水平，进而进行合理的经营决策。利润分析的范围涵盖了整个项目的建设阶段及后续的经营管理阶段。在建设阶段，利润分析可以帮助我们评估投资回报率,预测项目的经济效益。在后续的经营管理阶段,利润分析则可以帮助我们监控项目的经营状况和盈利情况。

在利润分析中,我们通常会采用一系列的指标来评估项目的盈利能力,比如净利润率、毛利润率、成本利润率等。其中,净利润率是最常用的指标之一,它可以帮助我们直观地了解项目盈利的水平。毛利润率则可以帮助我们评估项目的生产经营效率,而成本利润率则可以帮助我们了解项目的成本控制水平。通过对这些指标的分析,我们可以全面地评估项目的盈利能力,并找出影响盈利的关键因素。

在进行利润分析时,我们可以采用多种方法来进行。比如成本—效益分析法可以帮助我们评估项目的投资回报率,盈亏平衡分析法可以帮助我们了解项目的经营风险,灰色关联分析法可以帮助我们找出影响项目盈利的关键因素。值得注意的是,不同的项目会使用不同的利润分析方法,我们需要根据具体情况来选择合适的方法。利润分析并不是一次性的工作,我们需要不断地进行利润分析,以便及时调整经营策略,提升项目的盈利能力。

利润分析是房屋建筑装修会计实务中必不可少的一部分,它可以帮助我们全面地了解项目的盈利能力,并为项目的经营决策提供依据。通过利润分析,我们可以及时发现项目的盈利问题,并找出提高盈利的有效途径,从而保证项目的长期健康发展。

1. 利润分析的范围

房屋建筑装修会计实务是一个复杂而重要的领域,涵盖了多个方面的利润分析。成本利润分析是其中的一个重要部分,它涉及对建筑材料、人工成本以及其他相关费用的详细核算和分析。在这一过程中,会计人员需要准确记录和计算每一项成本,以便对整个装修项目的成本进行分析和评估。项目利润分析则是针对特定的建筑项目进行的,通过对每个项目的收入和支出进行核算,从而得出项目的盈利状况。业务利润分析也是不可忽视的一部分,它涉及对整个装修业务的盈利能力进行分析,包括对每个客户订单的利润情况进行评估。通过对这些不同范围的利润分析,建筑装修行业的从业人员可以更好地掌握经营状况,做出科学的决策。

2. 利润分析的指标

在房屋建筑装修会计实务中,利润分析的指标是非常重要的,它可以帮助企业了解盈利能力和经营状况。我们来看毛利率。毛利率是指销售收入减去直接成本后的余额与销售收入的比率。它能够反映企业在销售商品或提供劳务时所获得的经济效益。如果毛利率较高，说明企业的生产经营效益良好，如果毛利率偏低，则意味着企业在生产经营过程中面临着很大的经济风险。毛利率的变动会直接影响企业的经济效益，因此企业在分析自己的盈利能力时，毛利率是一个非常重要的指标。

我们来讨论净利率。净利率是指企业净利润与销售收入的比率，它能够反映企业销售商品或提供劳务后的盈利能力。净利率的高低直接与企业的盈利水平相关，它是评价企业经营状况的重要指标之一。净利率的提高意味着企业的经济效益提升，而净利率的下降则代表企业的盈利能力较弱。通过净利率的分析，企业可以及时调整经营策略，提高盈利水平，保持企业的长期稳定发展。

我们要提到的是投资回报率。投资回报率是指企业投资获得的利润与投资额的比率，它是衡量企业投资收益效果的重要指标。投资回报率的提高意味着企业的投资获得了较高的利润，而投资回报率的下降则代表投资的效益较低。企业在进行投资决策时，需要根据投资回报率来评估投资效果，以便合理安排资金，提高投资利润。投资回报率是企业进行投资分析和决策的重要参考指标。

毛利率、净利率和投资回报率是房屋建筑装修会计实务中的重要利润分析指标。企业在分析自己的盈利能力和经营状况时，应该综合考虑这些指标，及时调整经营策略，提高盈利水平，保持企业的健康发展。

### 3. 利润分析的方法

房屋建筑装修会计实务涉及利润分析的方法，这是非常重要的一环。利润分析的方法包括利润挖掘分析、利润变动分析、利润成本分析等。我们来看利润挖掘分析。利润挖掘分析是通过对房屋建筑装修项目的各个环节进行精细分析，找出可以提高利润的潜在机会。这包括成本控制、资源利用效率、市场定位等方面的分析。比如，可以通过精细成本核算，找出造成成本增加的原因，然后针对性地进行成本控制，以提高利润。利润变动分析也是非常重要的方法之一。通过对利润的变动进行分析，可以从销售额、成本、定价等多个方面找出利润变动的原因，以便及时调整经营策略。比如，如果发现利润下滑是由于成本增加所致，就可以通过采取节约能源、优化供应链等措施来降低成本，从而提高利润。利润成本分析也是必不可少的一种方法。通过对成本与利润之间的关系进行分析，可以找出成本的组成结构，进而找到降低成本、提高利润的方法。例如，对每一个装修项目的成本进行细致分析，找出可以节约成本的项目，以提高整体利润。这些方法的灵活运用，可以帮助企业更好地进行利润分析，从而达到优化经营的目的。

## 二、风险评估的基本概念和方法

风险评估的基本概念和方法是建筑装修会计实务中不可或缺的一部分。风险评估是指对建筑装修项目可能面临的各种风险进行全面、系统的评估和分析，以确定风险的可能性和影响程度，从而为风险规避和应对提供科学依据。风险评估是建筑装修会计实务中的一项重要工作，它在工程建设项目的投资决策、合同管理、成本控制、质量管理等方面均发挥着关键作用。

风险评估的流程包括：确定风险评估的范围和目标、收集相关信息、识别可能的风险、评估风险的可能性和影响、制定风险应对策略、监控和审查风险。在风险评估的流程中，需要进行全面、系统的信息收集和分析，不仅需要借鉴过往类似项目的经验教训，还需要考虑到项目特定的地域、环境、法律法规等因素，以确保评估的全面和准确。

风险评估的指标包括：风险的可能性、风险的影响程度、风险的严重性、风险的优先级等。风险评估的指标是对风险进行客观、科学地评估和分析的重要依据，也是确定风险应对策略和措施的重要依据。在风险评估的过程中，需要根据项目具体情况，选择合适的评估指标，并进行量化和分级，以便更好地确定风险的优先级和应对策略。

风险评估的方法包括定性分析和定量分析两种。定性分析是指对风险进行主观判断和定性分析，其优点是简单直观，易于理解和操作；定量分析是指对风险进行客观量化和分析，其优点是科学客观，结果准确可靠。在实际应用中，定性分析和定量分析往往相结合，既能充分发挥专家经验和主观判断的优势，又能充分发挥科学分析和客观量化的优势，从而更好地评估和分析风险。

风险评估作为建筑装修会计实务中的一项重要工作，既需要综合运用管理学、经济学、工程学、法律学等多种理论和方法，又需要结合建筑装修项目的特点和规律，采用科学、系统的方法进行评估和分析，以确保项目的成功实施和风险的有效控制。建筑装修会计实务从业人员需要不断提高自身的风险评估能力和水平，全面、系统地开展风险评估工作，为企业的可持续发展和长远利益保驾护航。

### 1. 风险评估的流程

房屋建筑装修会计实务需要进行风险评估的流程,以确保项目的顺利进行和成功完成。风险评估是一个系统性的过程,包括风险识别、风险评估和风险控制三个主要步骤。

风险识别是风险评估的第一步。在房屋建筑装修项目中,可能的风险包括工期延误、材料质量问题、成本超支等。在进行风险识别时,需要对每个可能的风险进行详细的调查和分析。这包括与承包商和供应商进行沟通,查阅历史数据和案例分析,以及考虑当地的法律法规和规定。只有充分了解可能的风险,才能有效地进行风险评估和控制。

风险评估是对已识别风险的概率和影响进行评估的过程。在这一步中,需要量化每个风险发生的可能性,并评估其对项目目标的影响程度。这需要利用统计数据、专业知识和经验来进行客观的分析。例如,可以通过历史数据和专业评估来确定工期延误的概率以及如果发生延误对项目进度和成本的影响。通过这样的评估,可以确定哪些风险需要重点关注和处理。

风险控制是对已评估风险进行有效管理和控制的过程。这包括制定应对策略、实施防范措施和建立监控机制。例如,针对材料质量问题的风险,可以制定严格的质量检查标准,并与供应商签订严格的合同条款来保障材料质量。针对成本超支的风险,可以建立预算控制机制,并实施严格的成本核算和审计制度。通过这些措施,可以最大限度地降低风险发生的可能性,从而保障项目顺利进行和成功完成。

房屋建筑装修会计实务的风险评估流程是一个系统性的过程,包括风险识别、风险评估和风险控制三个主要步骤。通过充分了解可能的风险、客观评估风险的概率和影响以及有效地进行风险控制,可以最大限度地保障项目的顺利进行和成功完成。

### 2. 风险评估的指标

房屋建筑装修会计实务是一个复杂的领域,充满了各种风险和挑战。在这样一个项目中,风险评估的指标至关重要,它可以帮助我们更好地理解风险的程度、影响和概率。让我们来看看风险程度这一指标。风险程度可以用来衡量风险事件对项目目标的潜在影响。这意味着我们需要对每个潜在的风险事件进行评估,确定其可能对项目造成的影响有多大。例如,如果在装修过程中发生断电,这可能会导致工期延误和额外的成本支出。我们需要对这种情况进行全面的评估,以确定其对项目的风险程度。

风险影响是另一个重要的指标。风险事件的影响可能涉及项目的质量、时间表和成本。在房屋建筑装修的情况下,如果材料供应商无法按时交付材料,这可能会对整个项目的进度产生负面影响。我们需要评估这种风险事件的影响程度,以便制定相应的风险应对措施。

还有风险概率这一指标。风险概率可以帮助我们了解风险事件发生的可能性有多大。在装修项目中,一些常见的风险事件可能包括材料供应延迟、工人技术水平不足等。通过对这些风险事件的概率进行评估,我们可以更好地准备和规划风险应对策略。

风险评估的指标对于房屋建筑装修会计实务来说至关重要。通过对风险程度、风险影响和风险概率进行全面评估,我们可以更好地理解潜在风险事件对项目的影响,从而制定出更有效的风险应对策略,保证项目顺利进行。建议在进行房屋建筑装修会计实务时,务必重视风险评估的指标,以确保项目的成功实施。

### 3. 风险评估的方法

房屋建筑装修会计实务涉及许多风险,因此对风险进行评估是至关重要的。风险评估的方法多种多样,既包括定性风险评估,也包括定量风险评估和统计风险评估。

定性风险评估是一种常用的方法,主要通过主观分析和专家判断来评估风险的程度和概率。在房屋建筑装修过程中,定性风险评估可以帮助识别出可能的风险事件,并对其进行分类和评估,从而为风险管理和决策提供依据。这一方法的优点在于能够快速识别潜在风险,并能够在较短时间内进行评估,但缺点也很明显,因为其主观性较强,所以结果可能存在较大的不确定性。

相较而言,定量风险评估则更加客观和系统。通过统计数据和建模分析,可以对风险事件的可能性和影响程度进行量化评估,从而为风险管理提供更加具体和科学的参考。在房屋建筑装修中,定量风险评估可以通过历史数据和模拟分析,来评估不同风险事件的发生概率和造成的经济损失,以此为依据进行风险控制和决策。但是,定量风险评估的方法和数据需求较多,且对分析人员的要求也较高。

除了定性和定量风险评估,统计风险评估也是一种重要方法。通过搜集大量的数据,运用统计学方法对风险事件进行概率和分布特征的分析,可以更好地理解和把握风险的本质和规律。在房屋建筑装修会计实务中,利用统计风险评估方法可以更好地掌握各种风险事件的概率分布和相关特征，从而更好地预防和化解风险。

风险评估的方法多种多样，各有优劣。在房屋建筑装修会计实务中，可以根据具体情况综合使用不同的评估方法，以更好地把握风险，保障工程的顺利进行。

### 三、利润分析和风险评估的实践应用

房屋建筑装修会计实务是一个复杂而又精细的领域，需要结合实际操作和理论知识进行分析和应用。在这一领域中，利润分析和风险评估是至关重要的实践应用，它们对于建筑项目的成功与否起着决定性作用。本部分将深入介绍利润分析和风险评估的实践应用，帮助读者更好地理解和运用会计实务知识。

建筑项目的利润分析是建筑行业中最为关键的环节之一。利润分析的核心在于对项目成本、收入和盈利能力的测算和评估。在实际操作中，利润分析需要综合考虑各个方面的因素，比如人工成本、材料成本、设备成本等，以及市场行情、政策法规等外部环境的影响因素。只有通过深入的利润分析，才能更准确地把握项目的盈利情况，从而为企业的经营决策提供有力的支持。

风险评估也是建筑行业中不可或缺的重要环节。在建筑项目的实施过程中充满了各种各样的风险，比如工期风险、质量风险、安全风险等。风险评估需要对这些风险因素进行科学地识别、分析和评估，以便及时采取相应的预防和控制措施。在实践应用中，风险评估需要建立健全的风险识别和评估体系，结合项目的实际情况，从而有效地降低风险发生的概率，保障项目顺利实施。

利润和风险管理是建筑项目中的重要一环。通过对利润和风险的分析和评估，企业需要及时调整经营策略，合理配置资源，制定科学的风险管理方案，从而确保项目能够按时按质完成，并实现可持续发展。利润和风险管理需要建立完善的管理体系，加强内部监控和外部沟通，及时发现和解决问题，以最大限度地降低利润损失和风险影响。

利润分析和风险评估的实践应用在房屋建筑装修会计实务中具有重要意义。希望通过本部分的深入探讨，读者能够更好地理解和应用利润分析和风险评估的相关知识，为自己的工作和研究提供借鉴和指导。

1. 建筑项目的利润分析

建筑项目的利润分析是建筑装修会计实务中非常重要的环节。利润分析指标包括项目总投资利润率、净利润率、销售毛利率等。而利润分析方法可以采用成本费用率分析、资产负债表分析、现金流量表分析等。通过利润分析，可以得出建筑项目的经济效益、资金运作情况和投资价值，帮助企业合理安排资金和资源，提高经济效益。通过一个具体案例来展示建筑项目的利润分析过程和结果。

比如，某家建筑公司在某个项目上进行了利润分析。他们计算出了项目总投资利润率为15%，说明项目所投入的资金能够得到不错的回报。利润分析方法中的成本费用率分析显示，建筑材料成本占比过高，需要加强成本控制。资产负债表分析显示，资产利用率较低，需要优化资产配置。通过现金流量表分析，发现项目在短期内现金流较为紧张，需要及时调整资金运作情况。通过这些利润分析结果，建筑公司及时调整了项目的经营策略，最终取得了良好的经济效益。

建筑项目的利润分析对于企业决策和经营管理至关重要。只有通过科学的利润分析方法，才能全面了解项目的经济效益和运营状况，从而作出合理的决策和规划。希望通过本案例的介绍，读者能够更加深入地理解建筑项目的利润分析实务，为企业的经营管理提供有力的支持。

2. 风险评估的实施

在房屋建筑装修项目中，风险评估的实施是至关重要的。风险识别是风险评估的第一步，需要对可能出现的问题进行全面的调查和梳理。例如，可能存在的材料质量问题、工期延误风险以及人员安全隐患等。通过对项目的全面分析和调查，可以精准地识别潜在的风险点。

风险评估是针对已识别的风险进行综合评估和分析，以确定其可能的影响程度和发生概率。在评估过程中，需要考虑不同风险因素之间的相互影响，以及可能引发的连锁反应。例如，材料质量问题可能导致施工质量不达标，进而影响整体工程进度，加大项目成本等问题。通过全面的风险评估，可以为后续的风险控制措施提供有力的依据。

风险控制是针对已评估的风险实施针对性的控制措施，以降低风险的发生概率和影响程度。例如，在材料质量问题方面，可以建立严格的材料进场检验制度，确保施工所用材料的质量符合标准；在工期延误风险方面，可以采取加班加点、优化施工方案等措施，以确保工程进度的稳步推进。通过有效的风险控制措施，可以将潜在的风险隐患最大限度地降低，确保项目的顺利进行。

风险评估的实施在房屋建筑装修项目中具有至关重要的意义。通过全面的风险识别、评估和控制，可以有效地预防和应对各种风险，确保项目的顺利进行，为后续的施工和装修工作奠定坚实的基础。

### 3. 利润和风险管理

房屋建筑装修会计实务是一个复杂而又关键的领域，涉及众多利润和风险管理问题。在这个领域，利润和风险的平衡至关重要。房屋建筑装修行业能够带来丰厚的利润，吸引了众多投资者和从业者的关注；另这个行业也充满了风险，比如市场竞争激烈、工程质量问题、物价波动等。如何在追求利润的同时有效地管理风险，成为这个行业中至关重要的课题。

为了有效地管理利润和风险问题，需要进行利润和风险的分析与决策。以装修施工项目为例，我们可以通过对各种影响利润和风险的因素进行分析，来判断其对项目的影响程度。比如，在项目成本管理方面，我们可以对材料价格、人工成本、装修周期等因素进行深入分析，从而更精准地控制成本，提高利润。而在风险方面，也可以通过对工程质量、安全生产、合同履行等方面进行分析，提前发现潜在风险，避免损失。这样一来，利润将更能得到保障，同时风险也将得到有效的控制。

利润和风险的管理还需要进行有效的监控与管理。具体来说，可以通过建立科学的预警机制，对成本和风险进行实时监控。一旦发现成本超支或者出现安全隐患，可以及时采取措施，降低风险。利润和风险的管理也需要建立完善的管理制度和流程，确保各项措施得以有效执行，从而保证项目的顺利进行和利润的最大化。

房屋建筑装修会计实务涉及利润和风险管理的诸多方面，包括利润和风险的平衡、利润和风险的分析与决策、利润和风险的监控与管理等。只有在这些方面做到充分的准备和有效的应对，才能在这个行业中获得长足的发展和稳健的利润。

# 第3章

# 建筑合同与支付管理

本章介绍建筑合同与支付管理的关键问题和解决方法。对不同类型的建筑合同进行分类和概述,包括固定总价合同、成本加酬金合同等以及各自的特点和应用场景。讲解建筑合同的会计处理,包括合同收入的确认和合同成本的核算以及风险和收益的分配原则。介绍付款管理与控制的关键环节和方法,包括支付流程的规范和控制措施以及合同履约的风险管理。通过本章的学习,读者将了解建筑合同与支付管理的基本原理和操作流程,提升合同管理和风险控制的能力。

# 合同类型与特点

建筑合同是建筑企业与业主之间的重要协议。建筑合同类型包括施工合同、设计合同、咨询合同等。合同特点包括合同金额大、时间周期长、风险高等。

## 一、建筑合同类型

在进行房屋建筑装修会计实务时,建筑合同的种类至关重要。我们要了解的是固定总价合同。这种合同类型是指合同中固定了建筑工程的总价,无论实际耗费了多少工作量和材料,承包商都必须在总价内完成工程。这种合同类型适用于工程量易于确定并且变动不大的项目,如住宅建筑装修。还有成本加成合同。这种合同是按照项目实际成本再加上一定百分比的费用计算工程款项,适用于工程量难以确定的项目,如土木工程。而单价合同则是按照单位工程量价格计算工程款项,适用于建筑物的安装调试等阶段。在选择建筑合同类型时,必须根据项目的具体情况和特点进行综合考虑,以确保合同的合理性和有效性。

### 1. 总包合同

总包合同是指由一个总包商承接整个建筑工程的合同。在总包合同中,总包商负责管理和协调整个工程项目,包括物料采购、施工安排、工人配备等等。总包合同的特点之一是减少业主对建筑工程的管理和监督成本,因为所有的责任和工作都由总包商来承担和处理。总包合同也适用于一些比较大型和复杂的建筑工程项目,因为总包商在管理协调方面有着丰富的经验和专业知识,可以更好地保证项目的质量和进度。所以,总包合同在一些大型的住宅小区、商业综合体和工业园区的建设中得到了广泛的应用。

### 2. 分包合同

分包合同是指总包商与分包商签订的一种建筑施工合同,其特点和适用范围主要有以下几点。分包合同是建筑行业中一种常见的合同方式,通常由总包商与分包商之间达成。总包商作为项目的承包商,可以将项目中的某些工程或部分工程交由专业的分包商来承接和完成,以便更好地分工协作,提高施工效率。分包合同的适用范围非常广泛，可以涉及建筑装修、土木工程、机电工程等各个方面。在实际应用中，分包合同可以根据施工项目的不同需求来进行灵活地选择和调整，以满足项目的实际需求和工程设计。值得一提的是，分包合同在建筑行业中的应用已经成为一种常态，对于提高工程管理效率和施工质量都具有积极的作用。

### 3. 劳务合同

劳务合同是指用人单位与劳动者约定工作内容、工作地点、工作时间、工作报酬等劳动关系要件的书面合同。劳务合同是双方当事人自愿订立，并经劳动者同意的。劳务合同应当合乎法律、行政法规的规定。劳务合同内容必须明确具体，并在合同期限内履行。劳务合同的订立应当遵循公平公正的原则。劳务合同通常适用于雇员与用人单位之间的劳动关系，是保障双方合法权益的一种法律形式。

劳务合同的适用范围主要包括企业用工、个体工商户等经营组织，以及农民工、农村劳动力等个体劳动者。在劳务合同中，用人单位应当明确具体的工作内容、工作地点和工作时间，并保证按照约定支付劳动报酬。劳务合同的签订对于明确双方的权利义务、规范劳动关系、维护劳动秩序以及保护劳动者合法权益具有重要意义。劳务合同的合法订立与履行对于维护社会稳定、促进经济发展具有重要意义。

劳务合同的签订和履行不仅仅对于用人单位和劳动者双方具有重要意义，对于建筑装修行业的从业人员来说，也是至关重要的。在房屋建筑装修行业，保障员工的劳动权益是非常必要的，而劳务合同的签订就是规范双方权利和义务、保障员工合法权益的有效方式。劳务合同可以明确员工的工作内容、工作时间、工作报酬，规范员工与用人单位之间的劳动关系，有效避免劳动纠纷的发生。建筑装修公司签订和履行劳务合同，不仅符合法律规定，也有利于维护企业形象，吸引和留住优秀的员工，提高企业的经济效益。

## 二、建筑合同的要素

建筑合同的要素包括但不限于：合同标的、合同价格、合同履行期限、合同变更、合同解除、违约责任、争议解决等内容。其中，合同标的指的是建筑工程的具体内容，包括施工范围、工程质量、工程量清单等，而合同价格则是指建筑工程的费用，包括工程造价、工程预付款、竣工结算等。合同履行期限是指建筑工程的工期安排，包括开工日期、竣工日期、交工验收日期等。合同变更包括建筑工程方案变更、工程标准变更、工程量变更等内容。合同解除是指在一定条件下解除合同的程序和责任。违约责任是指当事人因各种原因未能按合同约定的条件履行义务时应承担的责任。争议解决是指在合同履行中产生争议时，当事人应如何进行协商解决的程序和方式。

在建筑会计中，建筑合同的要素有着重要的影响。合同标的的明确性和完整性对建筑工程的会计核算非常重要。合同标的的详细内容会直接影响建筑工程的成本核算，而合同价格则关乎工程项目的资金投入和资金回笼。合同履行期限的合理安排对于项目资金的使用和资金的回收有着直接的影响。合同变更和合同解除会对会计核算产生相应的影响，需要及时记录和调整相关的会计凭证和账务处理。违约责任和争议解决也直接关系到工程成本和风险的控制，需要在会计核算中有所体现。

建筑合同的要素在建筑会计中占据着重要的地位，对建筑企业的财务状况和经营活动有着深远的影响。建筑企业在签订合同时需要充分考虑合同的各项要素，做到明确、完整、合理，以保障企业的经济利益和财务安全。建筑企业在会计核算时也需要充分重视合同的要素，将其合理合规地纳入会计核算范畴，做到严格遵守相关会计制度和规定，确保会计信息的真实、准确、完整。

## 1. 建筑工程的范围和内容

在建筑工程行业中，建筑工程合同是一份非常重要的文件，它规定了双方在建筑工程项目中的权利和义务，对项目的实施和后续的会计实务都有着重要的影响。

建筑工程合同需要包含项目的基本信息，如项目的名称、位置、规模、工期等。合同中还需要明确双方的权利和义务，包括工程造价、质量标准、工程款支付方式等。合同中也需要规定变更和索赔的程序和条件以及违约责任和解决纠纷的方式。

对于建筑会计来说，建筑工程合同直接影响了会计的实务操作。合同中的工程造价将直接影响建筑项目的成本核算和预算编制。支付方式的约定将影响工程款的确认和支付时间的确定。合同中关于变更和索赔的规定将直接影响工程项目的成本核算和费用确认。

建筑工程合同是建筑会计实务的重要依据，对于建筑项目的成本和费用核算有着重要的影响。在签订合同的过程中，双方需要充分考虑合同内容对会计实务的影响，以确保合同内容的合理性和可操作性。

### 2. 工程价格和支付方式

在建筑工程合同中，工程价格和支付方式是合同中非常重要的环节。工程价格是指合同双方就工程量清单中所列项目的数量、质量、工程程度和力度等因素，按合同约定的计价规范和计价方法计算出的用以计算工程总造价的金额。而支付方式则是指工程建设单位和施工单位就合同约定的工程造价支付的方式和时间，以及付款保险等约定的内容。

在建筑会计中，工程价格和支付方式的确定对于合同的执行和工程项目的财务管理有着重要的影响。工程价格的确定是建筑项目财务预算的基础，能够为项目的成本控制和风险管理提供重要的信息支持。支付方式的确定则关系到项目的资金流动和财务风险管理。不同的支付方式对于资金的使用效率和风险承担有着不同的影响，因此需要在合同中明确约定，以支持项目的稳健进行。

在实际建筑工程中，一般采用的工程价格和支付方式包括固定总价合同、成本加百分比合同、成本加固定费用合同等。这些不同的合同类型对于工程的财务管理和会计核算有着不同的影响。固定总价合同允许业主在合同签订后根据总价支付，对于财务预算和成本控制有较好的支持；而成本加百分比合同则能够激励承包商控制成本、提高效率，但对于风险的承担也更为分散；成本加固定费用合同则能够确保施工企业在工程结束时能够得到保障利润，但可能对业主的预算和支付安排有所不利。

在建筑会计实务中，需要根据不同的工程特点和项目目标选择合适的工程价格和支付方式，以支持项目的顺利进行和合同的有效执行。对于合同的履行和执行也需要进行精准的财务核算和监控，确保资金的合理使用和风险的有效管理。通过合理的工程价格和支付方式的选择和财务会计的支持，能够为建筑工程的顺利进行和完美结束提供有力的保障。

### 3. 质量保证和保修责任

在房屋建筑装修会计实务中，建筑工程合同中的质量保证和保修责任是至关重要的一环。质量保证和保修责任涉及建筑工程的质量标准、保修期限、责任范围等内容，对于建筑会计具有重要影响。

建筑工程合同中的质量保证通常包括了对建筑材料、施工工艺、工程设计等方面的质量要求。这些要求在合同中被明确规定，承包商必须严格按照合同约定的标准进行施工，确保建筑工程达到预期的质量水平。保修责任则规定了在工程竣工后一定期限内，承包商对于工程质量出现的问题需要负责维修和保养。这些内容的详细规定，不仅对建筑工程本身的质量保障具有重要意义，也对建筑会计产生了直接影响。

质量保证和保修责任的不同规定直接影响着建筑工程的成本支出、资产折旧和损益计提等方面的会计处理。在建筑工程进行质量保证和保修责任的约定过程中，需要合理预估可能的维修维护费用，并根据合同约定将这部分费用进行资产成本化或者费用化处理。在质量保证和保修责任期间，如果工程出现质量问题需要进行维修，维修费用也需要合理计提并进行相应的会计核算处理。这些都需要建筑会计对合同规定进行仔细分析和处理，保证财务报表的真实准确。

建筑工程合同中的质量保证和保修责任对于建筑会计具有重要影响。合理规定的质量保证和保修责任不仅是建筑工程质量保障的重要手段，也直接影响着建筑会计的准确性和完整性。建筑会计在处理与质量保证和保修责任相关的会计核算时，需要充分了解合同规定，并根据实际情况进行科学合理的处理，以保证财务数据的可靠性和真实性。

# 合同的会计处理

建筑合同的会计处理需要考虑多个因素，包括合同条款、收入确认、成本计算、利润分配、税务处理等。建筑企业需要建立合理的会计制度，保证会计处理的准确性和合规性。

## 一、建筑合同的会计确认时机

建筑合同的会计确认时机是指在建筑过程中，合同相关的收入和费用何时应该被确认在财务报表中。这个时机对于公司的财务状况和业绩影响重大，因此需要严谨的会计处理。影响建筑合同会计确认时机的因素有很多，比如合同条款、支付情况、工程进度等等。不同的因素会对确定会计确认时机产生影响，需要综合考虑才能作出准确的决策。

建筑合同的会计确认时机受到合同条款的影响。合同的具体条款对于收入和费用的确认具有明确的规定，会计人员需要详细分析合同内容，了解其中关于收入确认的规定。如果合同中规定了明确的工程完工条件或者支付条件，会计人员就可以根据这些条件确定会计确认时机。

支付情况也是影响建筑合同会计确认时机的重要因素之一。在建筑过程中，业主或者承包商的支付情况会直接影响收入的确认时机。如果业主根据工程进度或者完成的里程碑支付款项，会计人员就需要根据这些支付情况来确认收入的时机。这就要求会计人员密切关注支付情况，并及时调整确认收入的时机，确保财务报表的准确性。

工程进度也是影响建筑合同会计确认时机的重要因素。工程的进度决定了收入和费用的确认时机，同时对于合同的履行进度也有一定的参考意义。会计人员需要跟踪工程的实际进度，并结合合同条款和支付情况来确定收入和费用的确认时机。只有在了解了工程实际情况的基础上，才能作出准确的会计处理决策。

建筑合同的会计确认时机受到多方面因素的影响，需要综合考虑合同条款、支付情况和工程进度等因素才能确定准确的确认时机。只有在综合考虑了这些因素之后，会计人员才能作出准确的会计确认决策，确保公司财务报表的准确性和完整性。

**1. 合同收入确认的时机和方法**

房屋建筑装修会计实务是一个复杂的领域，其中合同收入的确认时机和方法至关重要。在建筑合同中，合同收入的确认时机和方法主要包括两种情况：一是根据完工百分比法确认收入，即根据工程完成的百分比来确认相应的收入；二是根据完工量法确认收入，即根据实际完工的工程量来确认收入。无论采用哪种方法，都会对建筑会计产生重要影响。

采用完工百分比法确认收入会对建筑会计产生影响。根据完工百分比法，建筑企业在合同履行过程中可以根据工程的完成程度来确认相应的收入，这就要求建筑企业要对工程的进度进行严密监控和核算。这种方法在一定程度上需要建筑企业具有一定的项目管理能力和工程进度监控能力，同时也需要会计人员掌握相关的工程进度核算技术和方法。

采用完工量法确认收入同样会对建筑会计产生重要影响。完工量法是根据实际完工的工程量来确认收入，这就要求建筑企业要对工程的施工进度进行准确核算,及时掌握工程的施工情况。这种方法对建筑企业的施工管理和会计核算提出了更高的要求,要求建筑企业具有更为严密的施工管理和会计核算体系。采用完工量法也需要建筑企业具备一定的工程量核算能力和技术手段。

建筑合同中合同收入的确认时机和方法对于建筑会计有着重要的影响。建筑企业应当根据自身的实际情况,选择合适的确认时机和方法,并建立相应的工程进度监控和会计核算体系,以更好地应对建筑合同中的收入确认问题。只有这样,才能确保建筑企业的财务报表真实可靠,为企业的稳健发展提供有力支撑。

### 2. 合同成本确认的时机和方法

合同成本确认的时机和方法是建筑装修会计实务中非常重要的一环。在建筑合同中,合同成本的确认时机和方法有着直接的影响,这也会对建筑会计产生重大影响。那么,在具体的实践中,我们应该如何处理呢?

关于合同成本确认的时机。在建筑合同中,通常会涉及预付款和进度款的支付。对于预付款,我们需要在收到预付款时确认合同成本,然后进行相关的会计处理。而对于进度款,通常是根据工程的进度来确认合同成本,比如根据完成的工作量来确认合同成本,或者根据达到的特定阶段来确认合同成本。这些时机的确认对于建筑公司的财务报表有着直接的影响,也会影响公司内部的成本控制和绩效评估。

关于合同成本确认的方法。在建筑合同中,我们需要根据实际情况来选择合适的确认方法。一种常见的方法是百分比完成度法,即根据工程的进度来确认合同成本。另一种方法是直接成本法,即根据实际发生的成本来确认合同成本。这两种方法的选择会影响到公司的成本核算和利润确认,因此在实际操作中需谨慎选择并合理应用。

合同成本确认的时机和方法对于建筑会计有着重要的影响。合同成本的确认时机会直接影响到财务报表的呈现,包括资产负债表和利润表。合同成本确认的方法会影响到成本控制和项目绩效评估。建筑公司需要在实践中灵活运用合同成本确认的时机和方法,以达到财务管理和项目管理的双重目标。在实际操作中,建议建筑公司结合具体的合同条款和项目情况,综合考虑各种因素,合理确定合同成本确认的时机和方法,以确保公司财务的准确性和透明度,也为项目管理提供有力支持。

### 3. 合同毛利率的计算和分析

建筑合同中的合同毛利率是指建筑公司在履行合同过程中所获得的毛利润与合同总收入的比率。合同毛利率的计算对于建筑公司的财务管理和业务决策具有重要意义。计算合同毛利率的方法可以通过按合同项下成本和收入进行分类计算。在计算合同毛利率时，建筑公司应该将直接成本和间接成本纳入考虑范围，并注意可变成本和固定成本的区分。合同毛利率的分析主要体现在其变动趋势和原因分析上。对于不同类型的建筑合同，其合同毛利率的标准和分析方法也各有不同。

合同毛利率对于建筑会计的影响是深远的。合同毛利率的计算结果直接反映了建筑公司在合同执行过程中的盈利能力。合同毛利率的高低不仅关系到公司的盈利水平，也关系到公司的竞争力和发展空间。合同毛利率的计算和分析为公司提供了重要的财务指标，这些指标对于公司的财务报告、经营预算和绩效考核都具有指导意义。合同毛利率的计算也直接影响到公司的税务筹划和成本控制。合同毛利率的计算和分析在建筑会计实务中具有不可替代的地位。

在实际应用中，建筑公司应该根据合同类型和具体情况，合理选择合同毛利率的计算方法，并重视对合同毛利率变动趋势和原因的分析。通过合同毛利率的计算和分析，建筑公司可以有效地掌握自身的盈利状况，及时发现经营风险，并制定相应的对策和措施。合同毛利率的计算和分析也为建筑公司的管理决策提供了重要的依据，提高了公司的经营效率和盈利能力，促进了公司的可持续发展。在建筑会计实务中，合同毛利率的计算和分析是至关重要的，建筑公司应该高度重视，并加以精心处理。

## 二、建筑合同的会计计量方法

在房屋建筑装修的会计实务中，建筑合同的会计计量方法是至关重要的。对于建筑企业来说，选择合适的会计计量方法不仅能够更准确地反映项目的经济效益，还能够降低出现错误的风险。在实际操作中，建筑企业常用的会计计量方法主要包括完工百分比法和已发生不确定收益法。

完工百分比法是一种常用的建筑合同会计计量方法。该方法将合同工程的实际完成程度作为确认收入和费用的依据，通常根据已发生的成本与合同预期总成本的比例来计量。其特点是在合同项目进行过程中逐步确认收入和费用，更加符合实际工程进度和成本的变化情况。适用于工程周期较长，进度较为明确的项目，能够较准确地反映项目的实际经济效益。

与完工百分比法相对应的是已发生不确定收益法，这是另一种常用的建筑合同会计计量方法。该方法关注的是对于合同回报的不确定性，通过合同收入的估算和确认，将已发生的合同成本与合同预期回报进行比较，以确定已发生的不确定收益。这种方法的特点在于更加重视对于合同回报的风险和变化的处理，适用于工程周期较为不确定，回报存在较大不确定性的项目。

需要注意的是，不同的建筑合同会计计量方法各自有其适用的范围和特点，建筑企业在日常实务中应根据具体项目的特点来选择合适的方法。应当合理运用会计准则的要求，确保会计信息的准确性和可靠性。在实践中，建筑企业还可以结合项目的实际情况，适当调整会计计量方法，以更好地反映项目的经济效益并降低风险的发生概率。

### 1. 百分比完工法

百分比完工法是一种在房屋建筑装修会计实务中常用的计算方法。它是一种通过比较工程实际完成的工作量与整个工程预计总工作量的百分比来确定已经完成的成本和收入的会计方法。百分比完工法的特点是将建筑项目分成若干个阶段，在每个阶段结束时计算已经完成的工作量的百分比，并据此确定相应的成本和收入。这种方法适用于那些需要较长时间完成且有明显阶段性的建筑项目，例如高层建筑、桥梁等。在建筑会计中，百分比完工法的应用对于资产计量、成本计量和收入计量都有一定影响。通过这种方法，可以更加准确地反映出不同阶段的成本和收入，也更有利于监控项目的进度和成本控制。百分比完工法在房屋建筑装修会计实务中具有一定的重要性和实用性。

### 2. 完工合同法

完工合同法是一种建筑工程领域的合同形式，它针对的是建筑工程的完工阶段，即工程建设的最后阶段。完工合同法的特点是在建筑工程快要完工、进入收尾阶段时签订，并且在工程完工后达成完工验收。这种合同通常适用于建筑施工、装修、改造等多种工程，特别是在房屋建筑装修领域有着广泛的适用范围。

完工合同法对建筑会计产生了重要的影响，首先在费用核算方面，建筑公司需要结合完工合同法规定的验收标准和质量要求，合理核算工程完工后所产生的费用，并在实务中准确记录相关的会计凭证。在收入确认方面，完工合同法要求工程完工后进行验收，并在验收合格后确认收入，建筑公司需要根据完工合同法的规定，在财务报表中准确反映实际的完工收入。

完工合同法还涉及建筑工程的保修责任和索赔规定，这也直接关系到建筑公司的会计处理。在保修责任方面，建筑公司需要依据完工合同法规定的保修期限和保修范围，在财务报表中充分准备相应的保修准备金。建筑公司需要根据完工合同法规定的索赔程序和要求，合理处理工程中出现的索赔事项，进行相关的会计处理和准备相应的索赔准备金。

完工合同法对于房屋建筑装修会计实务具有重要的影响，建筑公司需要充分理解并合规执行完工合同法的相关规定，才能更好地开展相关的会计工作。建筑公司的会计人员需要深入研究和了解完工合同法的具体内容，结合实际情况，合理处理相关的会计事项，确保公司的财务报表真实可靠，合乎法律法规的要求。

### 3. 进度款计提法

进度款计提法是指在房屋建筑装修项目中，根据工程进度逐步确认收入和成本，从而达到合理反映企业实际经营成果和财务状况的目的。这种会计实务方法可以更准确地反映房屋建筑装修项目的经营成果，对企业的财务状况有着重要的影响。

进度款计提法的特点是根据工程实际进度确定每个时期的收入和成本，避免了一次性确认全部收入和成本所带来的不确定性。这种方法不仅可以保证企业财务信息的可靠性和准确性，还可以更好地进行成本控制和决策分析。适用范围包括各类房屋建筑装修项目，特别是对于大型工程项目和较长周期的装修项目更为适用。

在建筑会计中，采用进度款计提法可以更好地反映企业的实际经营状况，提高了财务信息的可比性和及时性。通过逐步确认收入和成本，可以避免出现收入和成本信息的错误或遗漏，更加准确地评估项目的经营成果和财务状况。

进度款计提法在房屋建筑装修会计实务中具有重要的意义和价值，对于企业的财务管理和风险控制有着重要的影响。通过合理运用这种会计方法，可以更好地提升企业的核心竞争力和可持续发展能力。

# 付款管理与控制

建筑项目的付款管理和控制是建筑企业管理的重要组成部分。付款管理需要与合同约定、成本核算、财务预算等相结合，确保付款的及时性、准确性和合规性。付款控制需要采用科学的方法和工具，包括付款计划、付款单、付款审核等。

## 一、建筑工程的付款管理

房屋建筑装修会计实务在建筑工程的付款管理方面是至关重要的。建筑工程的付款管理涉及合同的签订、资金的支付、工程进度的监控等诸多方面，具有非常复杂的内容和程序。建筑工程的付款管理包括对施工单位的付款管理，对原材料和设备的付款管理，对技术服务和设计等费用的支付管理。这些都需要一个完善的会计制度和合理的资金安排，以确保资金的使用合理、高效。建筑工程的付款管理需要重点关注工程进度和质量，确保工程按时按质完成，不但需要与施工单位签订合同，规定好款项支付的条件和时间进度，同时还需要对施工单位的施工进度和工程质量进行监控评估，保证付款和工程质量的对应关系。

建筑工程的付款管理在整个工程周期中起着至关重要的作用。合理的付款管理可以保障工程的正常进行和资金的合理使用。在工程施工过程中，大量的资金需要支付给施工单位和购买原材料、设备等，如果没有合理的付款管理，容易出现资金占用不当导致的工程停滞。正确的付款管理可以保证工程进度和工程质量，对施工单位进行阶段性的付款，可以有效地监督施工进度和质量，鼓励施工单位按时按质完成工程。最重要的是，付款管理是建筑工程成本管理的重要环节，如果没有合理的付款管理，容易导致资金浪费和工程成本的失控。

针对建筑工程的付款管理，有一些应对策略。建立健全的付款管理制度和流程非常关键。这包括合同签订的明确规定，资金支付的程序和条件以及工程进度和质量的监控评估等。加强对施工单位的监督和管理。可以通过建立专门的监理单位或雇佣第三方进行监理，确保施工单位按时按质完成工程。

加强对资金的管理和使用。对于建筑工程所需的资金,需要统筹安排和使用,合理规划资金的使用进度,避免资金的占用和浪费,确保资金的使用高效。这样才能保障建筑工程的付款管理更加规范和顺利进行。

### 1. 建筑工程的进度款支付

在房屋建筑装修的会计实务中,建筑工程的进度款支付是一个至关重要的环节。在施工过程中,施工单位通常会将工程进度分为若干个节点,每个节点完成后就需要支付相应的进度款。这种支付方式是为了保障施工单位的资金需求,同时也是为了监督施工进度和质量。

在具体的支付管理方法上,一般来说,施工单位需要及时提交相应的工程进度报告和结算单,以便甲方进行审核并及时支付进度款。甲方也需要对施工进度和质量进行监督,确保支付的进度款是符合实际完成情况的。

这种进度款的支付方式对于建筑会计有着重要的影响。这种支付方式需要建立严格的财务管理制度,确保进度款的支付符合相关的会计准则和规定。进度款的支付也需要建立完善的成本核算体系,以便及时掌握工程成本的实际情况,为企业的经营决策提供准确的数据支持。

在实际操作中,由于建筑工程的复杂性和长周期性,施工单位和甲方往往需要面临各种风险和挑战。建立科学合理的进度款支付管理方法,是保障工程顺利进行和确保资金安全的关键。只有通过不断地实践,建立起适合自身企业实际情况的进度款支付管理体系,才能更好地发挥建筑会计在工程管理中的作用,实现企业的可持续发展和盈利。

### 2. 建筑工程的材料款支付

在房屋建筑装修的实务中,建筑工程中材料款的支付方式和管理方法是至关重要的。在建筑工程中,材料款的支付方式通常可以采取预付款和尾款两种方式。预付款是指在材料到达工地并验收合格后,由业主或施工方提前支付一定比例的材料费用;而尾款则是在整个工程完工后,根据工程进度和材料使用情况进行结算支付。在管理方面,建筑工程中材料款的支付需要进行严格的核对和管理,确保材料款的使用合理、透明,并避免造成资金浪费和不必要的纠纷。这些支付方式和管理方法的运用对于建筑会计也有着重要的影响。

建筑工程中针对材料款的支付方式和管理方法需要建立完善的会计核算和记录制度。这包括对于材料款的预付、结算等环节的明细记录和凭证,确保每一笔款项都可以清晰地追溯和核对。还需要建立与供应商的结算制度，及时对进货材料进行财务处理和核对，实现材料款的科学管理和有效控制。这些会计核算和记录制度的建立，能够保障材料款的合理使用和预防不当行为的发生，提升了建筑工程的财务透明度和管理效率。

建筑工程中材料款支付方式的选择将直接影响建筑会计的成本分析和决策。预付款和尾款的支付方式会对工程成本产生不同的影响，其中预付款可能会增加项目资金占用和利息支出，而尾款则可能会增加施工方的资金压力和风险。建筑会计需要对两种支付方式进行成本效益分析，结合项目的实际情况和风险偏好进行合理的选择。支付方式的选择还会影响资金的运作和使用效率，会计部门需要密切关注资金流动和使用情况，及时调整会计预算和资金计划，保障项目的顺利实施和资金的合理利用。

建筑工程中材料款的支付方式和管理方法的合理运用将直接影响建筑会计的风险控制和合规管理。由于建筑工程通常涉及大量资金和各方的利益关系，材料款的支付往往也会伴随着一定的风险和纠纷。在建筑会计的工作中，需要建立风险管理和合规审计机制，加强对材料款支付过程的监控和审计，防范和处理支付风险，确保款项的合规使用和消费。在与业主、供应商等相关方的沟通和协调中，建筑会计还需要不断提升谈判和协商能力，保护公司的利益，促进建筑工程的稳健发展和可持续经营。

建筑工程中材料款的支付方式和管理方法对于建筑会计有着深远的影响。通过建立完善的会计核算和记录制度，进行成本效益分析和决策选择，加强风险控制和合规管理，建筑会计可以更好地应对和解决建筑工程中材料款支付过程中的种种挑战，为企业的发展和经营提供有力的支持和保障。

### 3. 建筑工程的质量保证金管理

在建筑工程中，质量保证金是确保工程质量的一种有效管理方式。质量保证金管理的方法包括了资金的划拨、监管和使用等方面。建筑公司在承接工程项目时，需要按照相关法规和规定，向相关部门交纳一定比例的质量保证金。这些质量保证金将被专门用于保障工程施工过程中的质量安全。对于质量保证金的监管也至关重要，建筑公司需要建立严格的监管制度，确保质量保证金的使用符合规定，不能被挪用或滥用。需要对质量保证金的使用进行严格管控，只有在工程质量出现问题、需要进行修复或整改时，才能动用相应的质量保证金。这种管理方法既能保障工程质量，又能有效防止质量保证金的滥用，是非常重要和有效的。

质量保证金的管理对于建筑会计也有着重要的影响。建筑公司需要建立专门的质量保证金账户，对质量保证金进行严格核算，并确保不与其他资金混淆。在财务报表中，建筑公司需要清晰地对质量保证金进行披露，让相关利益方了解企业在质量管理方面的举措和资金使用情况。质量保证金的管理也需要与会计核算相结合，及时了解质量保证金的存量和使用情况，为企业决策提供准确的财务数据支持。质量保证金的管理不仅是工程管理的问题，也是会计管理的重要组成部分，对企业的管理和运营起着重要的支撑作用。

通过以上分析可见，质量保证金的管理是建筑工程中极为重要的一环，它对于工程质量的保障和企业会计的管理都有着深远的影响。建筑公司需要重视并加强对质量保证金的管理，确保其规范使用，为企业的可持续发展和良好的社会形象打下坚实的基础。

## 二、建筑工程的支付控制

在房屋建筑装修会计实务中，建筑工程的支付控制是至关重要的一环。支付控制涵盖了诸多方面，包括材料采购、工程进度、人力成本等各个环节。其中，材料采购需要对供应商进行审核，确保材料的质量和价格合理；对工程进度需要进行实时监控，确保工程的按时完工；对人力成本需要进行合理分配，确保利润最大化。在建筑工程中，支付控制的重要性不言而喻。支付控制能有效避免建筑工程中的盗窃和浪费现象；另支付控制也能保证工程的质量和进度，提升客户满意度。为了做好支付控制，首先需要建立完善的支付体系，并确保各项审核和监控程序的严谨执行。也需要不断优化支付控制的流程和方法，以应对不断变化的市场环境和需求。只有这样，才能真正做到在保障质量的前提下，最大限度地控制成本，创造更高的利润。

### 1. 支付风险的评估和控制

在进行房屋建筑装修时，支付风险的评估和控制是至关重要的。在建筑工程中，支付风险可能来自多个方面，比如承包商资金链断裂、工程质量问题、材料供应商倒闭等等。及时评估和控制支付风险，对于确保建筑工程的顺利进行至关重要。

评估支付风险需要全面考虑各个方面的可能性。不仅需要考虑承包商或供应商的信用状况，还需要考虑工程本身的质量和进度。通过对承包商的财务状况和过往业绩进行全面调查，可以评估其资金链是否稳定，是否存在偿债困难的情况。对于材料供应商也要进行严格的审核，保证其供应链的稳定性和产品质量。通过对工程进度和质量进行全面监控，可以及时发现工程问题，并采取解决措施，避免支付风险的发生。

控制支付风险需要建立完善的合同和支付制度。在与承包商和供应商签订合同时需要明确约定各项支付条件和标准，确保其资金链的稳定性和工程质量。建立严格的支付审批流程和机制，确保支付程序的透明和合规性。在付款时要严格履行审批程序，确保符合合同规定和工程实际进度，避免未经审批或超额支付。

评估和控制支付风险也会对建筑会计产生重要影响。在建筑会计实务中，需要及时记录和评估支付风险的可能性，并采取相应的会计措施进行核算和备案。对于与承包商和供应商的结算款项，需要及时做好账务处理和凭证备案，确保支付程序的合规和透明。也需要建立相应的会计风险预警指标，及时监控和评估支付风险的可能性，为企业决策和风险管理提供参考依据。

在建筑工程中支付风险的评估和控制是非常重要的，对于确保工程的顺利进行和企业的利益保护至关重要。通过全面的评估和严格的控制，可以有效规避支付风险的发生，保障企业的利益和工程质量。也对建筑会计实务产生重要影响，需要及时记录和评估支付风险，并建立相应的会计措施和预警机制，为企业的风险管理提供有效支持。

## 2. 支付程序及流程的规范

在房屋建筑装修会计实务中，支付程序及流程的规范对于建筑工程来说是至关重要的。在建筑工程中，支付程序及流程的规范包括了合同签订、工程进度款支付、工程竣工结算等环节。合同签订是整个支付程序的第一步，需要明确双方权利和义务，合同金额及支付方式等内容。工程进度款支付是在工程施工过程中的支付程序，需根据合同约定及工程实际进度进行合理支付。工程竣工结算是在工程结束后的结算程序，需要对工程实际完成情况进行审核并进行最终结算。这些支付程序和流程的规范是为了保障建筑工程的合规、合理以及相关各方的利益得到保护。

支付程序及流程的规范对于建筑会计有着重要的影响。合同签订阶段要求会计人员对合同金额及支付方式进行核对和确认，以确保合同的财务信息被准确无误地录入系统。在工程进度款支付阶段，会计人员需要根据实际工程进度进行款项的核对和支付，以保证资金的合理使用和工程的正常推进。在工程竣工结算阶段，会计人员需要负责对工程实际完成情况进行核对和审核，以确保最终结算金额的准确性和合理性。支付程序及流程的规范不仅对建筑工程本身具有重要意义，同时也对建筑公司的财务管理和会计实务提出了更高的要求和挑战。

在建筑工程中，支付程序及流程的规范方法是为了保障工程的资金安全、工程的正常进度和质量，并且合理分配利益给相关各方。这些规范的方法需要建筑公司和会计人员遵守，并且贯穿于整个建筑工程的各个阶段。只有严格遵守规范的支付程序及流程，才能确保建筑工程的顺利进行和各方利益得到保障。建筑公司和会计人员在日常工作中要高度重视支付程序和流程的规范，严格执行相关要求，以确保建筑工程的顺利进行和公司财务的健康管理。

### 3. 支付记录和账务的管理

在房屋建筑装修会计实务方面，支付记录和账务的管理是至关重要的。在建筑工程中，支付记录是指记录建筑过程中的所有付款信息，包括劳动力、材料、设备等各方面的支出。而账务的管理则是指对这些支付记录进行梳理、分类和记录，以便于后续的成本核算和财务分析。合理的支付记录和账务管理方法能够为建筑会计工作提供有效的支持，保障工程项目的顺利进行，也能够为企业的经营决策提供准确的财务信息。

在建筑工程中，支付记录的管理应当及时、准确、完整。这意味着在工程进行过程中，所有的付款信息都需要被记录下来，包括付款对象、金额、时间、用途等各方面的详细信息，不能有任何遗漏和错误。为了保证支付记录的准确性，建议采用专门的会计软件或系统进行管理，实行实时录入和备份，同时配以必要的财务内部控制措施，确保数据的可靠性。

账务的管理在建筑会计中具有重要的作用。通过对支付记录进行分类、分析和记录，建筑会计人员可以清晰地了解到各项支出的具体情况，包括劳动力成本、材料成本、设备租赁费用等。账务的管理也为企业提供了进一步的财务分析和决策依据，可以在工程项目进行过程中及时调整预算和成本控制，降低浪费和成本超支的风险。

在建筑工程中支付记录和账务的管理也对会计工作产生了一定的影响。这种管理方式加强了对资金的监管和控制，有助于防范和化解财务风险。对支付记录和账务的管理需要建筑会计人员拥有较高的专业素养和责任心，促使其在工作中更加细致、严谨和周密。这种管理方式也推动企业的信息化进程，为建筑会计工作提供更加高效便捷的手段和工具。

在建筑工程中支付记录和账务的管理方法对于建筑会计工作具有重要的影响。合理的管理方式能够为工程项目提供有力的财务支持，也能够为企业的经营决策提供可靠的依据。在实际工作中，建筑会计人员应当重视支付记录和账务的管理，提升管理水平和能力，确保工程项目的顺利进行和企业财务的健康发展。

# 第 4 章

# 资产与折旧管理

本章主要介绍建筑行业资产与折旧管理的基本原则和方法。讲解资本支出的会计处理,包括固定资产的确认和计量、资本化的条件和方法以及资本支出的会计处理流程。详细介绍折旧与摊销的计算方法,包括直线法、加速折旧法等以及摊销的条件和核算方法。介绍资产管理的最佳实践,包括资产清查和盘点、资产保值增值等,提高资产管理的效率和效果。通过本章的学习,读者将全面了解建筑行业资产与折旧管理的原理和操作技巧,提高资产管理和财务决策的水平。

# 资本支出的会计处理

建筑企业的资本支出主要包括固定资产、无形资产、长期待摊费用等。资本支出的会计处理需要考虑资产的获取、会计核算、资产管理等因素。建筑企业需要建立合理的资产会计制度，保证会计处理的准确性和合规性。

## 一、资本支出的定义和分类

资本支出是指企业用于购买、建造或改善长期资产的支出。这些支出的是为了增加资产的使用寿命、提高生产能力或降低未来维护费用。资本支出通常是一次性大额支出，与日常经营支出不同。资本支出的分类包括固定资产投资、无形资产投资和推广费用资本化支出。

固定资产投资是指企业用于购入或建造固定资产的支出。这包括土地、建筑、机器设备等长期使用并具有生产能力的资产。固定资产投资的会计处理是在购入或建造资产后，按照其预期使用寿命和折旧情况进行资产折旧计提和会计确认。

无形资产投资是指企业为了获取专利、商标、版权等无形资产而进行的支出。这类资本支出在会计处理上要根据其使用寿命和法定使用期限进行摊销，并在合适的时机进行减值测试。

推广费用资本化支出是指企业为推广产品或品牌而进行的支出，如广告、促销费用等。这类支出有时会根据营销政策和具体情况进行资本化处理，而不是在当期费用中列支。

资本支出是企业为了长期发展和增值资产而进行的重要支出。正确地识别和处理资本支出对企业的财务状况和业绩评估至关重要。在建筑装修会计实务中对资本支出的定义和分类应该得到充分重视和理解。

### 1. 资本支出的定义和特点

资本支出是指企业在购买固定资产或者进行房屋建筑装修等方面的支出。这些支出被视为长期投资，可用于提高生产力，增加产出，或者延长资产的使用寿命。资本支出的特点包括长期性、一次性、高额支出以及对企业未来经营活动产生重要影响。长期性体现在资本支出所购置的固定资产将在未来超过一年的时间内持续使用，而一次性则意味着这些支出不是每天都发生，而是在特定的时期内发生一次性的大额支出。与日常经营支出相比，资本支出通常是相对较高的数额，需要仔细考虑和规划。资本支出对企业未来经营活动产生重要影响，因为它能够直接影响企业的生产效率和产品质量，进而对企业的经营业绩产生深远影响。

资本支出的定义和特点对于理解企业财务活动和决策至关重要。在面对资本支出决策时，企业需要权衡各种利弊，并且考虑到长期的影响。资本支出将直接影响企业的盈利能力和生产效率。例如，购买新的生产设备或者进行房屋建筑装修能够提高企业的生产力，降低生产成本，从而增加盈利空间。资本支出通常需要较长的时间才能够收回成本并产生盈利，因此需要对未来现金流量作出准确预测。资本支出还需要考虑市场的变化和技术的更新，避免投资过度或者过时。资本支出的定义和特点能够帮助企业在面对投资决策时作出理性的决策，从而保障企业的长期发展和竞争优势。

通过深入了解资本支出的定义和特点，读者可以更好地理解企业在房屋建筑装修等领域的重要投资行为。资本支出不仅是短期成本支出，更是对企业未来发展的重要投资。资本支出的一次性、长期性和高额支出特点使得企业在决策时需要进行详尽的分析和预测，以保证资金的有效运用和企业价值的最大化。资本支出的对企业未来经营活动产生重要影响也凸显了它对企业战略决策的重要性。深入了解资本支出的定义和特点对于企业财务决策以及房屋建筑装修等投资活动具有重要意义，有助于读者全面理解和把握企业资本支出的本质和重要性。

2. 资本支出的分类与标准

资本支出的分类是会计实务中非常重要的一部分，主要是根据不同的特点来进行分类。按照资本支出的性质，可以分为建筑装修相关的资本支出和非建筑装修相关的资本支出。建筑装修相关的资本支出主要包括房屋的新建、重建、扩建、改建等，而非建筑装修相关的资本支出则包括机器设备的购置、土地的开发等。按照资本支出的规模和金额，可以分为大额资本支出和小额资本支出。大额资本支出往往指的是金额巨大、影响深远的投资，而小额资本支出则是一些规模较小、影响较小的投资。按照资本支出的来源和性质，可以分为自有资本支出和借款资本支出。自有资本支出是指企业利用自有资金进行投资和建设，而借款资本支出则是通过向银行等金融机构借款进行投资和建设。通过以上的分类方法，读者可以更清晰地了解不同类型的资本支出，并且在实际操作中能够正确地进行会计处理。

资本支出的标准主要是指企业在进行资本支出会计核算时应当遵循的一些统一规定和标准。资本支出在确认和计量上应当遵循谨慎性原则和实现性原则。谨慎性原则要求企业在确认资本支出时应当保守，不能高估其收益，实现性原则要求企业在计量资本支出时应当以实现的成本作为基础。资本支出的会计核算应当遵循一致性原则和期间性原则。一致性原则要求企业在同类资本支出的确认和计量上应当保持一致，不得随意更改，期间性原则要求企业在会计核算中应当根据实际发生的时间进行确认和计量。资本支出的披露应当遵循真实性原则和完整性原则。真实性原则要求企业在资本支出的披露过程中应当强调信息的真实性，不得隐瞒和歪曲，完整性原则要求企业应当全面披露所有与资本支出相关的信息，不得遗漏重要信息。通过以上的标准，读者可以更清晰地了解企业在进行资本支出会计核算时应当遵循的规定和标准，从而在实际操作中能够正确地进行会计处理。

通过对资本支出的分类方法和相关标准的介绍，读者可以更好地了解不同类型的资本支出以及会计处理的相关规定和标准。对于企业来说，也能够更加规范地进行资本支出会计核算，确保财务信息的准确和完整。这部分内容对于每一个从事房屋建筑装修会计实务的人来说都是非常重要和有价值的，希望大家能够认真学习和应用。

**3. 资本支出的会计处理方法**

资本支出是指企业为获取、改良或扩大长期效益而支出的费用。在会计实务中，资本支出需要采取适当的会计处理方法，以正确反映企业的经济效益。其中包括资本化、摊销和资产减值等步骤。

资本化是指将资本支出转化为资产，作为企业长期盈利能力的一部分。通过资本化，企业可以将支出分摊到未来的多个会计期间，从而更准确地反映其经济效益。在进行资本化时，需要注意确认资本支出是否符合资本化的条件，并进行相关的会计记录和报告。

摊销是指将资本化后的支出按照一定的方法和期限分摊到多个会计期间。摊销的目的是在合理的时间内反映资产的消耗和价值减少，同时合理分配费用，避免一次性大额费用对企业财务报表的影响。合理的摊销方法和期限选择对企业的财务状况和经营成果都有着重要的影响。

资产减值是指当资产的账面价值高于其可收回金额时，需要对其进行减值处理。减值准备的计提和冲销是资产减值会计处理的重要环节，对确保企业资产价值的准确反映和财务报表的真实性具有重要意义。企业需要根据资产减值测试的结果进行及时的会计处理和披露。

正确的资本支出会计处理方法对企业财务报表的真实性和完整性具有重要影响。通过本部分的介绍，读者可以更全面地掌握资本支出的会计处理方法，为企业财务管理和决策提供专业的指导。

## 二、资本化与摊销的原则与方法

资本化与摊销是房屋建筑装修会计实务中非常重要的部分，它涉及资产的有效利用和成本的合理分摊，对于企业的财务稳健和合规性具有重要意义。

资本化是指将企业支出的符合资本化条件的支出列为资产，通过摊销的方式逐年将这些费用在未来的使用期间分摊到损益表上，以反映资产在使用中所带来的经济效益。而资本化的原则主要包括支出必须符合资本化条件、支出必须能够可靠地计量和支出对未来经济效益的贡献必须可以验证。

在实际操作中，企业可以根据规定，选择直接资本化或者间接资本化的方法进行。直接资本化是指将与资产直接相关的支出列为资产成本，例如房屋建筑装修所产生的直接费用；而间接资本化则是将与资产间接相关的支出通过摊销的方式逐年分摊到损益表上，例如与房屋建筑装修间接相关的费用。

摊销是指将已经资本化的支出在资产的使用期限内按照合理的方法进行逐年分摊，以反映资产在使用中的减值和过时等经济效益的消耗。摊销的方法包括直线法、减值法和双倍余额递减法等，企业可以根据实际情况选择合适的摊销方法进行应用。

资本化与摊销的原则与方法对于房屋建筑装修会计实务具有重要的指导意义，企业应当严格按照会计准则和规定进行操作，确保资产的有效利用和成本的合理分摊，从而保证财务报表的真实、准确和完整。

### 1. 资本化与摊销的原则

在房屋建筑装修会计实务中，资本化与摊销的原则是至关重要的。资本化是指将资产成本或支出纳入资产账面价值的过程，而摊销则是指按照资产的使用寿命将其成本分摊到多个会计期间。在进行资本化与摊销时，需要遵循一系列原则，以确保会计记录的合理性、可靠性和一致性。

资本化与摊销的原则之一是合理性。这意味着在决定是否将支出资本化以及如何摊销资产时，需要进行合理的判断和分析。例如，在房屋建筑装修中，只有那些能够为未来带来经济利益的支出才能被资本化，而不应该将一次性维护费用纳入资产账面价值。合理性原则要求会计人员进行严谨的判断，确保资产账面价值的准确反映实际的经济状况。

可靠性是资本化与摊销的另一个重要原则。可靠性指的是会计记录和报告必须是可靠的，能够反映真实的情况。在房屋建筑装修中，会计人员需要准确地估计资产的使用寿命，以便按照合理的摊销方法分配其成本。资产的资本化也需要依靠可靠的数据和证据，以支持对支出资本化的决策。只有在可靠性得到保证的情况下，资本化与摊销的会计处理才能被认为是有效的。

一致性原则在资本化与摊销中同样至关重要。一致性原则要求在同一组织内，以及在相同会计期间内，采用一致的会计政策和方法进行资本化与摊销。这意味着一旦确定了资本化与摊销的方法，就应该在后续的会计期间内保持一致，以确保会计信息的可比性和连续性。在房屋建筑装修的会计实务中，一致性原则帮助建立起稳定可靠的会计体系，为决策者提供持续准确的财务信息。

资本化与摊销的原则包括了合理性、可靠性和一致性等多个方面，这些原则帮助确保会计处理的准确性和有效性。在房屋建筑装修的会计实务中，遵循这些原则能够帮助企业财务管理者更好地管理资产，优化财务决策，提高企业的经济效益。

### 2. 资本化与摊销的方法

在这一部分，我们将深入介绍关于房屋建筑装修会计实务中的资本化与摊销的方法。资本化与摊销是指将资产成本分摊到其预期使用年限内的过程，通过这种方式可以更准确地反映资产的实际价值和使用情况，进而影响公司的财务状况和利润。在本部分内容中，我们将重点介绍直线法、加速折旧法和减值法等资本化与摊销的具体方法，以帮助读者在实际操作中选择适合的资本化与摊销方式。我们将逐步展开介绍这些方法，以便读者能够更全面地理解和应用这些理论。

### 3. 资本化与摊销的实际应用

在房屋建筑装修会计实务中，资本化与摊销是至关重要的一环。本部分将围绕这一主题，深入探讨其在实际应用中的情况，并结合详细的案例分析和实践经验分享，帮助读者更好地理解资本化与摊销的实际操作过程。

在实际应用中，资本化是指将符合资本化标准的支出列入资产成本，在未来的一段时间内以摊销的方式分摊到损益表上。以一家房地产开发公司为例，当该公司在房屋建筑装修过程中发生了符合资本化条件的支出，如房屋建筑的主体结构、装修材料的采购费用等，公司可以选择将这些支出资本化。通过资本化，公司可以将这些支出分摊到未来若干年度的成本中，避免在当期大幅度冲减利润，同时可以更准确地反映公司的经营成果。在实际操作中，资本化的过程不仅需要符合会计准则的要求，还需要对项目的实际情况进行合理判断，并做好相关的资料记录和披露，确保资本化的过程合法合规、真实可靠。

摊销是指将符合摊销条件的资产成本在其预期使用寿命内按合理的方法分配到各个期间的过程。以房屋建筑装修过程中的装修费用为例，如果公司将这部分费用资本化，在后续的使用年限内就需要通过摊销的方式将这部分费用分摊到每个期间的成本中。在实际应用中，摊销的方法与周期的选择需要根据具体的情况进行合理的确定，通常会考虑资产的使用情况、残值、业务模式等因素。在摊销过程中也需要不断对资产的减值、报废等情况进行评估和计提，确保资产的账面价值能够真实、准确地反映其经济实质。

通过以上的案例分析和实践经验分享，可以看出资本化与摊销在房屋建筑装修会计实务中的重要作用。合理的资本化和摊销不仅可以更好地反映公司的财务状况、经营成果，还可以提高财务报表的可比性和连续性，为公司的稳健发展提供有力的支持。对资本化与摊销的实际应用情况进行深入理解和掌握，对于从事房屋建筑装修会计实务的专业人士来说至关重要。

## 三、资产减值的会计处理方法

房屋建筑装修会计实务是一个涉及多方面知识的复杂领域，其中资产减值的会计处理方法尤为重要。资产减值是指资产的价值低于其账面价值的情况，这可能是由市场变化、技术进步、经济状况等多种原因导致的。了解资产减值的原因和会计处理方法对于企业的财务管理至关重要。

资产减值可能是由于市场变化所致。当某一种房屋建筑装修材料或设备的市场需求下降，导致其价值大幅降低时，就需要对其进行减值处理。这种情况下，企业需要对资产进行及时的评估和调整，以反映其实际价值，避免对企业财务造成损失。

技术进步也可能导致资产减值。随着科技的不断发展，新的房屋建筑装修材料和设备不断涌现，老旧材料和设备的价值可能会因此而下降。企业需要根据最新的市场信息和技术发展动态，对其资产进行定期的评估和减值处理，及时更新和调整资产价值。

经济状况的变化也是导致资产减值的重要原因之一。经济下行、行业不景气等因素都可能导致某些房屋建筑装修资产的价值减少。在这种情况下，企业需审慎评估其资产状况，及时作出减值处理，以确保企业财务的真实和稳健。

针对资产减值的原因，企业需要采取相应的会计处理方法。在发生资产减值情况时，企业需要对其资产进行评估，确定是否存在减值迹象以及减值金额。根据评估结果，企业需要通过调整资产价值、计提资产减值准备、进行资产减值损失的确认等方式，对资产进行会计处理。企业需要及时披露相关信息，向利益相关方公开资产减值情况，并在年度财务报告中做出相关披露。

了解资产减值的原因和会计处理方法对企业进行有效的财务管理至关重要。只有及时了解资产减值情况，采取相应的会计处理方法，企业才能更好地反映其财务状况，保护利益相关方的利益，实现可持续发展。希望本部分内容能帮助读者更好地理解资产减值的会计处理方法，为实际工作提供有益的参考和指导。

### 1. 资产减值的原因及影响因素

在房屋建筑装修会计实务中，资产减值是一个重要的概念。资产减值可能由多种原因导致，其中包括市场变化、技术进步和经济环境等因素。市场变化是导致资产减值的一个主要原因。随着时间的推移，市场需求和偏好可能会发生变化，导致某些房屋建筑装修材料或设备的价值下降。例如，随着绿色环保意识的增强，传统的装修材料可能会逐渐被替代，从而导致对应资产的价值减少。及时了解市场变化对资产价值的影响对于企业合理评估资产价值十分重要。

技术进步也是导致资产减值的重要因素。随着科技的不断创新和进步，新型的装修材料或设备可能会取代过时的产品，导致旧有资产的价值下降。例如，随着 3D 打印技术在建筑行业的应用增多，传统的建筑装修材料可能面临着被新型材料取代的风险，企业需要对旧有资产进行及时的评估和调整，以减少技术进步带来的资产减值损失。

经济环境的变化也会对房屋建筑装修资产的价值产生影响。在经济增长期，市场对装修材料的需求可能会上升，推动相关资产价值的增长。相反，在经济衰退期，市场需求下降，装修材料的价值可能会受到影响。对经济环境的变化进行准确的判断和预测，有助于企业及时调整资产结构，以降低经济环境变化对资产价值的影响。

资产减值的原因及影响因素是多方面的，包括市场变化、技术进步和经济环境等诸多因素。了解这些原因和影响因素有助于企业及时调整资产结构，降低资产减值带来的风险和损失。希望本部分介绍的内容能够帮助读者更好地理解资产减值的本质和影响因素，为房屋建筑装修会计实务提供更为全面的参考。

### 2. 资产减值的会计处理方法

资产减值是指资产的账面价值高于其可收回金额的情况。在会计实务中，需要对资产进行减值测试，以确定是否需要对其进行减值准备和确认减值损失。资产减值的会计处理方法需要符合相关的会计准则，确保公司财务报表的准确性和真实性。

进行资产减值测试是资产减值会计处理的第一步。这需要对每一项资产进行独立检查，确定其可收回金额。可收回金额是指资产未来现金流的现值，需要综合考虑不同因素进行评估。在进行资产减值测试时，需要参考市场情况、技术变化、资产磨损等因素，合理确定资产的可收回金额。

一旦资产的可收回金额低于其账面价值，就需要进行减值准备。减值准备是指在资产减值测试后，将资产的账面价值与可收回金额之间的差额计提为减值准备，从而调整资产的账面价值。这样做可以确保资产价值与其可收回金额相匹配，避免因资产价值高估而导致公司财务报表失真。

确认减值损失是资产减值会计处理的最后一步。当资产减值准备计提后，如果资产的可收回金额仍低于其账面价值，就需要确认减值损失。确认减值损失是指将资产账面价值与其可收回金额之间的差额确认为损失，反映在财务报表中。这样可以及时反映资产价值的变化，为利益相关方提供真实的财务信息。

通过以上详细介绍，读者可以更加全面地掌握资产减值的会计处理方法。准确的资产减值会计处理不仅可以保证财务报表的真实性和准确性，还可以帮助公司更好地管理资产，保护投资者利益。在实际操作中，公司需要严格依据相关的会计准则进行资产减值处理，合理确定资产减值准备和减值损失，确保财务报表的质量和透明度。

### 3. 资产减值的风险管理与控制

房屋建筑装修会计实务对于资产减值的风险管理与控制至关重要。在这一部分，我们将深入探讨资产减值的风险管理与控制方法，帮助读者更好地理解和应对这一关键问题。

我们需要进行全面的风险评估。这包括对房屋建筑装修项目所涉及的各种风险因素进行调查和分析。我们需要考虑市场风险、经济风险、技术风险等多个方面，以确保全面把握所有可能影响资产价值的因素。在进行风险评估的过程中，我们需要收集大量的数据，并进行细致的统计和分析，以便全面了解潜在的风险情况。

内部控制是防范资产减值风险的重要手段。在房屋建筑装修会计实务中，内部控制涵盖了诸多方面，包括财务管理、资金管理、成本控制等。针对资产减值风险，我们需要建立健全的内部控制机制，通过严格的流程和规定，确保对资产价值的监控和保护。这包括对资产价值变动的及时跟踪和分析，以及对资产减值可能性的预警和应对措施的预先设定。

风险预警也是有效防范资产减值风险的关键。在房屋建筑装修会计实务中，我们需要建立起一套科学的风险预警机制，及时发现和应对潜在的资产减值风险。这包括建立敏感的风险指标体系以及建立起高效的信息采集和反馈机制，确保能够在资产减值风险出现之前做出及时的预警和干预。

通过全面的风险评估、健全的内部控制和高效的风险预警，我们可以有效地防范房屋建筑装修项目中的资产减值风险。这对于保障资产的长期价值和企业的持续发展具有重要意义。希望通过本部分的介绍，读者能够更加深入地理解和运用资产减值的风险管理与控制方法，从而有效提升企业的竞争力和可持续发展能力。

# 折旧与摊销计算方法

资产折旧与摊销计算方法是建筑企业管理的重要组成部分。折旧和摊销的计算方法包括直线法、加速折旧法、双倍余额递减法等。建筑企业需要根据实际情况选择合适的折旧和摊销计算方法，保证会计处理的准确性和合规性。

## 一、折旧与摊销的基本概念与原则

折旧与摊销是房屋建筑装修会计实务中至关重要的概念，它们对于企业资产的评估和财务报告起着至关重要的作用。折旧是指长期资产由于使用和老化而价值逐渐减少的过程，而摊销则是指通过一定时间内逐渐消耗或价值减少的过程。理解折旧与摊销的基本概念和原则，有助于企业正确处理相关的会计事务，保证财务报表的准确性和可靠性。

折旧的基本概念是指长期资产在使用过程中由于时间流逝和物理磨损而价值逐渐减少的情况。长期资产如房屋建筑在使用过程中会因为自然损耗和过时而逐渐失去一定的价值。这种价值的减少并非突然发生，而是经过一定的时间逐渐发生的。企业在编制财务报表时需要通过折旧的方式，把资产的价值逐年转化为当期的费用，反映出资产的真实价值。

摊销的基本概念是指资产的使用价值在一定期间内逐渐消耗或价值减少的过程。摊销通常适用于无形资产或长期待摊费用，如专利、版权、商誉等，这些资产在使用过程中的价值会随着时间的推移而逐渐减少。企业需要通过摊销的方式，在资产的使用期限内逐年转化为当期的费用，以反映出资产的实际使用价值。

在实际操作中，折旧与摊销都需要遵循一些基本原则。折旧和摊销的计算需要依据资产的预计使用寿命和残值来确定。企业需要根据资产的物理耐用年限和经济耐用年限来合理预估资产的使用寿命，并考虑资产的残值。折旧和摊销需要选择合适的计算方法，常见的计算方法包括直线法、加速折旧法、双倍余额递减法等。不同的资产可以采用不同的计算方法，以满足资产价值变化的特点。折旧和摊销的会计政策需要保持一贯性，确保在不同会计期间内对同一资产进行相同的计算和处理，以保证财务报表的可比性和真实性。

通过对折旧与摊销的基本概念和原则的深入理解，企业可以更加准确地评估长期资产的价值，合理分配资产的费用，并编制真实可靠的财务报表，从而提高企业的财务管理水平和风险控制能力。对于投资者和利益相关者来说，也能更加清晰地了解企业资产的实际价值和使用状况，为决策提供更加可靠的依据。学习和掌握折旧与摊销的基本概念和原则对于企业管理和财务专业人士来说至关重要。

### 1. 折旧与摊销的定义和特点

折旧是指长期资产因使用、老化或过时而价值减少的过程。在会计实务中，折旧是指长期资产价值逐年减少的一种会计核算方法，通过折旧可以反映长期资产在使用过程中所失去的价值。折旧的特点包括持续性、计量性和系统性。持续性指的是长期资产在使用过程中不可避免地会发生价值的减损，这种价值减损是一个长期的持续过程。计量性指的是折旧必须以货币单位来进行核算和记录，可以通过不同的折旧方法来进行计算并确认。系统性指的是折旧必须按照一定的程序和原则进行，不能随意确定折旧额度和折旧方法。通过了解折旧的定义和特点，读者可以更好地掌握折旧的会计核算方法和意义。

摊销是指长期待摊费用在一定的期间内逐渐转移至费用的过程。在会计实务中，摊销是指长期待摊费用在使用过程中逐渐转移至费用的会计处理方法，通过摊销可以反映长期待摊费用在一定期间内的使用情况。摊销的特点包括确定期限性、跨期性和成本平摊性。确定期限性指的是摊销必须在一定的期限内完成，不能无限期地进行摊销处理。跨期性指的是摊销必须在每个会计期间进行，不能因为某一期的盈亏情况而暂停或延迟摊销。成本平摊性指的是摊销必须按照一定的规则和方法进行，不能随意确定摊销额度和摊销方法。通过了解摊销的定义和特点，读者可以更好地理解摊销在会计实务中的应用和作用。

折旧和摊销在会计实务中都是重要的会计核算方法，了解它们的定义和特点对于掌握会计基础知识和技能至关重要。只有深入理解折旧与摊销，才能在实际工作中正确运用它们，提高会计核算的准确性和可靠性。通过本部分的介绍，读者可以更加清晰地了解折旧与摊销的概念和特点，为进一步学习和应用会计实务打下坚实基础。

### 2. 折旧与摊销的原则与方法

折旧与摊销的原则和方法是房屋建筑装修会计实务中非常重要的内容。在实际操作中，正确选择和应用折旧与摊销方法能够更准确地反映资产的消耗和价值变化，影响着企业的财务报表和税收计算。了解各种折旧与摊销方法的原则和适用情况对于会计人员来说至关重要。下面将详细介绍直线法、加速折旧法和减值法这三种常见的折旧与摊销方法，帮助读者选择适合的方法来处理房屋建筑装修的会计实务。

直线法是最常见的折旧方法之一，也是最简单的一种折旧方法。直线法按照资产的使用寿命平均年限来计算每年的折旧额，从而使每年的折旧额保持稳定。这种折旧方法的优点是计算简单，易于理解，能够在整个使用寿命内稳定地分摊资产的成本。直线法也存在不足之处，比如无法真实反映资产的实际价值变动，造成资产前期折旧费用较高，后期折旧费用较低。在选择折旧方法时，企业需要权衡考虑资产的实际价值变动情况，是否适合采用直线法来进行折旧。

加速折旧法则是适用于资产在前期使用寿命内价值下降较快的情况。加速折旧法能够在资产使用寿命的早期更多地分摊折旧费用，以反映资产在前期的大量消耗。加速折旧法主要包括双倍余额递减法和年数总和法两种常见的方法。双倍余额递减法通过调整固定资产账面价值的百分比来计算每年的折旧额，而年数总和法则是将资产的总折旧额除以资产的使用寿命得到每年的折旧额。这两种方法都能够更加灵活地根据资产的实际价值变动情况来确定折旧费用，是一种适用于特定情况的折旧方法。

减值法是一种在资产价值大幅减少或无法恢复原值的情况下进行折旧的方法。减值法根据资产当前的可变现净值来计算折旧额，以反映资产价值的实际变动情况。减值法主要包括固定资产减值和无形资产减值两种形式，能够更加直观地表现资产的价值变化。减值法是在特定情况下对资产进行折旧的一种重要方法。

在选择合适的折旧与摊销方法时，企业需要综合考虑资产的使用寿命、价值变动情况和税收政策等因素，以确保会计处理符合实际情况并且合法合规。只有正确选择和应用折旧与摊销方法，才能更好地反映资产的价值变动并辅助企业进行财务决策。

**3. 折旧与摊销的实际应用**

在房屋建筑装修会计实务中，折旧与摊销是非常重要的一环。折旧是固定资产价值的减少，而摊销是长期资产成本的分期减少。这两种会计方法关系紧密，对于企业的资产管理和财务报表有着深远影响。

让我们来看一个案例分析：某公司购入一栋价值100万元的写字楼用于办公，按照会计准则，写字楼的使用寿命为30年，残值率为10%。根据直线法计算折旧，每年的折旧额为（100万元-10万元）/30年＝3万元。而摊销在这个案例中则是指除了写字楼本身的价值外，还包括了装修、设备等长期资产的摊销，这些支出需根据其使用寿命分期摊销至损益表。

在实际操作中，企业还需要考虑如何在实务中灵活运用折旧与摊销的规定。比如，某公司在购置设备后，由于技术更新，需要提前淘汰，这时需要进行固定资产的减值测试和提前摊销计算。企业需要在会计处理中充分考虑实际情况，灵活运用折旧与摊销的规定，避免因为严格按照会计准则而导致不合理的财务信息披露。

在房屋建筑装修会计实务中，折旧与摊销的实际应用需要根据具体情况进行灵活操作，而非死板地套用通用的会计原则。企业需要深入理解折旧与摊销的概念和规定，根据实际情况进行合理的会计处理，从而更好地管理资产，保证财务报表的准确性和完整性。

## 二、折旧与摊销计算方法的选择与应用

折旧与摊销是房屋建筑装修会计实务中非常重要的部分。选择适合的折旧与摊销计算方法对于企业的会计核算非常关键。本部分将详细介绍不同的折旧与摊销计算方法以及如何根据实际情况进行选择和应用。

折旧计算方法包括直线法、年数总和法和双倍余额递减法。直线法是指按照固定的比例将资产价值逐年减少，年数总和法则是将折旧率按照资产的预计使用年限进行分配，而双倍余额递减法则是以固定的比例按照资产净值进行折旧。企业可以根据自身资产的实际情况选择不同的折旧计算方法，来实现最大化的会计核算优惠。

摊销计算方法包括直线法和加速摊销法。直线法是将无形资产按照其预期使用寿命进行平均摊销，而加速摊销法则是在资产使用初期摊销比较多，后期摊销比较少。企业在选择摊销计算方法时需要考虑资产的实际使用情况，以及影响公司财务状况的相关因素，如税收政策、资产的技术更新速度等。

根据实际情况选择合适的折旧与摊销计算方法，不仅可以准确反映资产的价值变动，还能够降低企业的税负，提升企业的盈利能力。企业在进行折旧与摊销计算时，需结合相关法规和会计准则，选择最适合自身情况的计算方法，从而更好地管理资产，优化财务运作。

### 1. 折旧与摊销计算方法的选择原则

折旧与摊销计算方法的选择原则是房屋建筑装修会计实务中非常重要的一部分。在选择折旧与摊销计算方法时，需要考虑到成本分配、公平价值和可比性等因素。只有选择合适的计算方法，才能确保会计记录的准确性和可靠性。

成本分配是选择折旧与摊销计算方法时的重要考量因素之一。成本分配方法直接影响到企业的财务状况和经营成果，因此在选择折旧与摊销计算方法时，需要充分考虑到成本分配的合理性和公平性。要根据实际情况和相关法律法规，选择最适合的折旧与摊销计算方法，确保成本能够合理、公平地分配到各个会计期间。

公平价值也是选择折旧与摊销计算方法的重要原则之一。公平价值是指在相关交易市场上可以获得的价格，是衡量资产价值的重要标准。在选择折旧与摊销计算方法时，需要根据资产的公平价值来确定合适的计算方法，确保折旧与摊销的计提能够反映资产真实的价值变化，从而更准确地反映企业财务状况。

可比性也是在选择折旧与摊销计算方法时需要考虑的重要因素之一。可比性是指在不同会计期间或不同企业之间，同类资产的折旧与摊销计提应具有可比性，能够进行横向和纵向比较。选择折旧与摊销计算方法时，需要考虑到资产的可比性，确保计提方法能够使同类资产在不同会计期间或不同企业之间具有可比性，使得财务信息更加清晰和可比。

折旧与摊销计算方法的选择原则涉及成本分配、公平价值和可比性等多个因素。在选择折旧与摊销计算方法时，需要全面考虑这些因素，确保选择的方法能够符合相关法律法规，合理、公平地反映资产的价值变化，使财务信息更加准确和可靠。希望通过本部分的介绍，读者能够更加深入地了解折旧与摊销计算方法的选择原则，从而更好地应用于房屋建筑装修的会计实务中。

### 2. 折旧与摊销计算方法的应用案例

在房屋建筑装修会计实务中，折旧与摊销计算方法是至关重要的一环。下面将通过具体的应用案例，介绍这些方法在实际项目中的计算过程和结果分析，以帮助读者更好地理解折旧与摊销计算方法的实际应用。

我们以某房地产开发项目为例，介绍折旧与摊销的具体计算过程。该项目涉及一栋多层商业大厦的建造和装修，根据会计准则，需要对这些固定资产进行折旧计算。我们首先按照建筑物的预期使用寿命和残值率，采用直线法来计算每年的折旧费用。针对商业大厦内部的装修和设备，采用摊销方法进行费用分摊，以反映其在预期使用期间的价值消耗情况。

我们将抽样选取几个具体项目进行折旧与摊销计算的案例分析。通过详细的数据录入和复杂的计算过程,我们得出了每个项目在不同年份的折旧与摊销费用,以及其对公司财务报表的影响。通过分析这些数据,我们可以看到折旧与摊销对公司利润的影响程度,以及其在财务报表中的重要性。这些实际案例的分析,有助于读者更好地理解折旧与摊销在会计实务中的应用。

针对折旧与摊销计算方法的案例,我们还可以进行一些实际情况下的资产价值调整。这包括资产减值测试和重估过程,以及相关会计凭证的处理方法。考虑到实际项目中固定资产价值变动的情况,这些调整过程对于保持资产价值的准确反应具有重要意义。把这些实际操作纳入折旧与摊销计算方法的案例中,能够更好地展现这些方法在实务中的应用价值。

通过以上案例的详细介绍和分析,读者可以更全面地了解折旧与摊销计算方法的实际应用。这些案例不仅展示了方法的具体计算过程,更帮助读者理解了这些计算对于公司财务报表和利润的重要影响。在实际项目中,掌握好折旧与摊销的计算方法,对于公司的会计实务具有十分重要的意义。

### 3. 折旧与摊销计算方法的优化与改进

房屋建筑装修会计实务涉及的折旧与摊销计算方法对于企业的财务管理至关重要。在日常业务中,如何优化和改进折旧与摊销计算方法对于降低成本、提高效率和准确性具有重要意义。本部分将围绕折旧与摊销计算方法的优化与改进展开详细描述,包括技术创新、系统改进和流程优化等方面,旨在帮助读者更好地应用这些方法,提高折旧与摊销计算效率和准确性。

折旧与摊销计算方法的优化可以从技术创新的角度进行。随着科技的不断发展,新技术对于折旧与摊销计算方法的改进提供了全新的可能性。例如,企业可以引入先进的软件系统,利用数据挖掘和人工智能等技术手段,实现对资产价值和摊销周期的更精准预测,从而优化折旧与摊销计算方法,降低人为误差,提高计算的准确性和稳定性。

系统改进也是优化折旧与摊销计算方法的重要途径之一。通过对企业财务系统的升级和改造,可以整合折旧与摊销计算模块,实现自动计算和生成报表,减少人工干预和数据录入的时间和错误率。系统改进还可以实现对折旧与摊销政策的灵活调整和管理,更好地适应不同业务发展阶段的需要,提高折旧与摊销计算的灵活性和适应性。

流程优化也是优化折旧与摊销计算方法的重要举措。企业可以通过优化报销流程、加强内部审计和控制,规范折旧与摊销计算的相关操作和流程,提高数据的真实性和可靠性。流程优化还可以加强对折旧与摊销计算方法的监督和管理，确保计算过程的合规性和规范性，降低风险和错误发生的概率。

折旧与摊销计算方法的优化与改进涉及技术创新、系统改进和流程优化等多个方面。通过不断探索和实践，企业可以更好地应用这些方法，提高折旧与摊销计算效率和准确性，为企业的财务管理提供更可靠的支持。

### 三、资产管理的最佳实践

资产管理一直是企业管理中的重要环节。有效的资产管理可以帮助企业降低成本，提高效率，保护企业利益。本部分将深入介绍资产管理的最佳实践，帮助读者了解如何在房屋建筑装修领域中进行有效的资产管理。

资产管理需要从建筑装修前的规划阶段开始。在规划阶段，企业需要对建筑装修的预算、时间和资源进行合理规划，确保资产的有效利用。这意味着企业需要认真评估装修项目的需求，制定详细的预算和时间安排，以及合理分配资源。企业还需要考虑装修过程中可能出现的风险，并制定相应的风险管理策略，以保障资产的安全和利益。

在装修过程中，资产管理涉及对装修进度和质量的有效监控。企业需要建立完善的监控机制，及时了解装修进展情况，并确保施工质量符合标准。对于资产管理者来说，需要随时关注装修过程中可能出现的问题，并及时采取措施加以解决，以确保资产得到有效的保护和管理。

资产管理还包括对装修后的房屋进行有效的维护和保养。企业需要建立健全的房屋维护体系，定期对房屋进行检查和维护，确保房屋保持良好的状态。企业还需要制订合理的更新计划，保持房屋的市场竞争力和价值。

资产管理在房屋建筑装修中具有重要意义。通过本节介绍的最佳实践，读者可以更好地了解资产管理的核心要点，帮助企业在房屋建筑装修过程中实现有效的资产管理和保护。希望本部分内容能够为广大读者提供一些有益的参考和启发，引领他们在资产管理方面迈出更加稳健的步伐。

#### 1. 资产管理的原则与方法

资产管理是房屋建筑装修过程中至关重要的一环，其原则和方法直接影响着装修项目的成本控制、质量保障和风险管理。在资产管理的实务中，全生命周期管理是一个非常重要的原则。全生命周期管理包括资产的规划、获取、使用和处置等各个阶段，要求在装修项目的各个环节都要进行科学的管理和控制，以确保资产的最大化利用和价值实现。在实践中，装修项目管理者需要根据具体情况，制定合理的全生命周期管理策略，合理规划和配置资产的使用和处置，从而实现装修项目整体成本的有效控制和资产价值的最大化。

分类管理也是资产管理中的重要原则和方法之一。在装修项目中，资产通常可以按照不同的标准和要求进行分类管理，以便更好地进行管理和使用。例如，可以根据资产的类型、规模、用途等因素进行分类管理，对不同类别的资产实行不同的管理策略和控制措施，以确保资产的有效管理和利用。通过分类管理，还可以更好地进行资产价值的评估和实时监控，为装修项目的决策和策略提供可靠的数据支持和依据。

风险管理也是资产管理中不可忽视的方面。在装修项目中，由于各种不确定性因素的存在，资产管理往往伴随着各种风险和挑战。装修项目管理者需要根据资产的特性和项目的实际情况，制定科学的风险管理策略和控制措施，对可能出现的风险和问题进行提前预警和有效应对，以确保装修项目的顺利进行和成功完成。在实践中，风险管理需要全面考虑装修项目的各个环节和因素，综合运用各种风险管理工具和方法，进行风险识别、评估和控制，最大限度地降低装修项目的各类风险，保障资产的安全和价值的实现。

资产管理的原则和方法对于房屋建筑装修具有重要的指导作用，全生命周期管理、分类管理和风险管理等原则和方法，可以帮助装修项目管理者建立科学的资产管理体系，有效控制成本、提升质量，最大化实现资产价值。在实际操作中，装修项目管理者需要灵活运用这些原则和方法，结合具体情况制定合理的管理策略和控制措施，以确保装修项目的顺利进行和成功完成，实现最终的经济和社会效益。

### 2. 资产管理的工具与技术

房屋建筑装修会计实务是一个复杂且琐碎的工作，需要精准的资产管理来确保所有的资源得到最佳的利用。资产管理的工具和技术起着至关重要的作用，它们能够帮助管理者更好地掌控和利用资产，提高效率并减少不必要的资源浪费。本部分将重点介绍资产管理的工具和技术，为房屋建筑装修会计实务提供更精确、高效的解决方案。

资产管理信息系统是一种重要的工具，它能够帮助管理者对房屋建筑装修的资产进行全面的监控和管理。这种信息系统能够实时记录和更新资产的信息，包括购买日期、折旧情况以及维护记录等内容。通过信息系统，管理者能够随时查询资产的状态和历史纪录,作出更加明智的决策,确保资产处于最佳状态,从而减少不必要的维修和更换成本。

除了信息系统,自动化设备也是资产管理中不可或缺的工具之一。在房屋建筑装修过程中,许多资产需要定期进行维护和清洁,而自动化设备能够极大地提高工作效率并降低人力成本。例如,自动化清洁设备能够在无人操作的情况下完成清洁任务,无须额外的人力投入,大大减少了人力成本并提高了工作效率。引入自动化设备可以为资产管理带来巨大的好处,让管理者能够更加专注于资产的有效利用和价值提升。

物联网技术也为资产管理提供了新的解决方案。通过物联网技术,各种资产都可以被实时监测和控制,管理者可以随时了解资产的状况并进行远程操作。例如,通过使用智能传感器,管理者可以监测房屋建筑装修中各种设备的工作状态,及时发现并解决问题,避免因设备故障造成的生产中断或安全隐患。物联网技术能够大大提高资产管理的精确性和效率,为房屋建筑装修会计实务带来更多的可能性和机遇。

资产管理的工具和技术在房屋建筑装修会计实务中发挥着重要的作用,帮助管理者更好地掌控和利用资产,提高效率并减少资源浪费。信息系统、自动化设备和物联网技术都是有效的资产管理工具,它们为管理者提供了更加精确、高效的解决方案,让资产管理工作变得更加简单、可靠。通过不断引入和应用新的工具和技术,房屋建筑装修会计实务的资产管理将迎来更加光明的未来。

### 3. 资产管理的案例及经验分享

资产管理是企业运营中至关重要的一环,对于房屋建筑装修行业更是如此。在这个领域,资产管理的案例及经验分享尤为重要。成功的资产管理实践可以帮助企业更加高效地管理资源,规避风险,提升盈利能力。本部分将通过介绍成功企业的资产管理实践和教训,为读者提供借鉴和应用成功的资产管理经验的机会。

让我们来介绍一家在房屋建筑装修行业取得成功的企业的资产管理案例。该企业通过建立完善的资产档案管理制度,实现了对于装修材料、设备和人力资源的精准管理和控制。在资产采购方面,企业根据项目需求和预算制定了严格的采购流程和标准,避免了因为质量、供货和价格等方面的问题而造成的不必要损失。企业还通过引入先进的资产管理软件,实现了对资产使用情况的实时监控和分析,有针对性地制订了资产维护和更新计划,最大限度地延长了资产的使用寿命,提高了资产的利用率。

除了成功的资产管理实践,我们也要关注那些失败的案例,从中吸取教训。曾经有一家装修公司由于缺乏有效的资产管理制度,导致了材料浪费、设备损坏和人力资源浪费等问题的频繁发生。这些问题不仅增加了企业的成本,也影响了施工进度和工程质量,最终导致了客户投诉和业绩下滑。这个案例告诉我们,良好的资产管理实践是企业持续发展的重要保障,不容忽视。

通过以上成功和失败的案例,我们可以发现,一个企业是否能够实现良好的资产管理实践直接关系到其发展和竞争实力。在房屋建筑装修行业,资产管理更是必不可少的一环。希望读者在阅读本部分的内容后,能够对资产管理有更加全面深入的了解,从而在实际操作中能够更加有效地应用这些经验和教训,提升企业的管理水平和竞争力。

# 资产管理的最佳实践

资产管理是建筑企业管理的重要组成部分。资产管理的最佳实践包括资产清查、资产保管、资产维修、资产报废等。建筑企业需要建立完善的资产管理制度,保证资产的完整性、准确性和合规性。

## 一、资产管理的目标和原则

在房屋建筑装修会计实务中,资产管理的目标和原则至关重要。资产管理旨在帮助企业实现最佳实践,确保资产得到充分利用,以支持企业的长期发展。本部分将深入介绍资产管理的目标和原则,以指导企业实现有效的资产管理实务。

资产管理的主要目标是最大化资产价值,确保资产高效运营和得到维护。企业需要通过科学地规划和管理,使资产能够持续创造价值,提升企业的整体竞争力。资产管理还要确保资产的安全和稳定性,降低可能的风险和损失,保护企业的财务利益。

资产管理的原则包括全面性、规范性和灵活性。全面性要求企业对所有资产进行全面管理,包括固定资产、流动资产和无形资产。规范性要求企业建立科学的资产管理制度和流程，确保资产管理活动在规定的框架内进行，并符合相关法规和政策。灵活性则要求企业根据实际情况调整资产管理策略，灵活应对外部环境的变化，确保资产管理的有效性和适应性。

资产管理还需要遵循合理性和可持续性原则。合理性要求企业在资产管理中合理配置资源，避免资源的浪费和滥用，最大化资源利用效率。可持续性要求企业在资产管理中注重环保和可持续发展，确保资产管理活动对环境的影响降到最低，促进企业可持续发展。

资产管理的目标是最大化资产价值，确保资产高效运营和维护；而资产管理的原则包括全面性、规范性、灵活性、合理性和可持续性。企业需要遵循这些原则，制定科学合理的资产管理策略和计划，从而实现资产管理的最佳实践。

### 1. 资产管理的目标

资产管理的目标是一个复杂而又关键的议题。在房屋建筑装修会计实务中，资产管理的重要性不言而喻。最大化资产价值是资产管理的首要目标之一。这意味着要通过有效地管理和维护来提高资产的价值，包括房屋建筑装修所涉及的各种资产。这需要仔细地规划和执行，以确保资产能够持续地产生价值，并且在合适的时机得到最大限度的回报。为了实现这一目标，资产管理者需要深入了解各种资产的特性和市场走势，以便做出明智的决策。

提高资产利用率也是资产管理的重要目标之一。对于房屋建筑装修业来说，如何最大限度地利用各种资产，包括人力、物力和财力，是至关重要的。资产管理者需要通过科学的规划和有效的资源配置，来确保资产利用率的最大化，并在实际操作中不断优化。这需要精密的数据分析和灵活的资源调配，以应对市场的变化和需求的波动。只有不断提高资产利用率，企业才能在激烈的市场竞争中保持竞争力，并实现长期稳健的发展。

降低资产风险也是资产管理的关键目标之一。房屋建筑装修涉及众多的风险因素，包括市场风险、技术风险、合规风险等。资产管理者需要通过科学的风险评估和有效的风险管理，来降低各种风险对资产的不利影响，保障资产的安全和稳健。这需要对各种风险因素有深刻的理解和把握，以及灵活的风险对策和规避措施。只有降低了资产的风险水平，企业才能避免不必要的损失，确保经营的可持续性和长期的稳定性。

在房屋建筑装修会计实务中，明确和深入地理解资产管理的目标，对于提高企业的经济效益和市场竞争力至关重要。只有通过科学规划和有效执行，才能实现最大化资产价值、提高资产利用率和降低资产风险的目标,从而推动企业持续健康地发展。这也是房屋建筑装修行业在不断发展壮大的过程中,必须深刻理解和不断强化的重要课题。

### 2. 资产管理的原则

在房屋建筑装修会计实务中,资产管理是一个至关重要的部分。资产管理的原则包括全生命周期管理、合理配置和有效监控等。全生命周期管理指的是从资产的获取、使用到处置的整个过程都要进行有效管理。在房屋建筑装修领域,这意味着对房屋、设备和材料的采购、使用和维护都需要全方位的管理。合理配置是指根据实际需要和预算限制,合理配置各类资产的使用和支出,避免资产的浪费和闲置。在装修建筑中,需要对装修材料、人力资源和时间成本进行合理配置,以保证项目的高效完成。有效监控包括对资产使用情况的监测和对资产价值的评估以及对风险和成本的控制。在建筑装修过程中,需要对施工进度、材料消耗和质量情况进行有效监控,确保项目按时、按质、按量完成。

资产管理的原则对于房屋建筑装修会计实务有着重要的指导意义。通过全生命周期管理,可以确保资产的有效利用,延长资产的使用寿命,降低资产的维护成本。合理配置可以帮助企业在装修项目中进行预算和资源的合理分配,从而避免项目中出现资金断层和资源短缺的情况。有效监控可以及时发现问题并进行调整,保证装修项目的顺利进行,并最大限度减少损失。了解和遵循资产管理的原则是建筑装修从业者必须具备的能力和素养。

## 二、固定资产管理与维护

在房屋建筑装修会计实务中,固定资产的管理与维护是至关重要的一环。固定资产,如建筑物、设备和机器等,是企业长期投资的重要组成部分,其管理和维护涉及企业的资产安全和利润稳定。本部分将详细讲解固定资产管理与维护的重要性和方法,帮助读者更好地了解并应用相关知识。

固定资产管理的重要性不容忽视。良好的固定资产管理有助于企业提高资产利用效率,降低资产损耗率,从而减少生产成本,提升企业竞争力。规范的固定资产管理能够有效预防和减少资产盗窃、损坏等风险,维护企业资产安全,保障企业正常经营。在房屋建筑装修会计实务中,建立科学的固定资产管理体系至关重要。

固定资产维护是固定资产管理的重要环节。维护工作包括定期检查、保养和维修，其目的在于延长固定资产的使用寿命，保证设备正常运转。良好的固定资产维护能够避免由于设备损坏或故障而导致的生产中断，减少维修成本，提高生产效率。制订科学的维护计划和技术标准，加强固定资产的日常维护工作，对于企业的长期发展至关重要。

在固定资产管理与维护方面，企业可以采取多种方法和技术。可以建立完善的固定资产台账，记录固定资产的基本信息、价值变动等情况，做到清清楚楚、明明白白。可以利用现代化的管理软件和技术，实现对固定资产的实时监控和数据分析，及时发现和解决问题。加强固定资产的定期维护和保养工作，做好设备的日常保护和维修，可以有效延长资产的使用寿命，降低维修成本。

在建筑装修行业，固定资产管理与维护更是至关重要。每一处建筑和设备都是企业的重要资产，对其进行科学合理的管理和维护，可以保证企业长期稳定发展。建议企业在开展装修工程时，充分重视固定资产管理与维护的重要性，制定科学的管理制度和维护计划，从而确保企业的长期利益和发展。

### 1. 固定资产管理的方法

固定资产管理是企业财务管理中的一个重要环节，对于房屋建筑装修行业而言尤为重要。合理的固定资产管理方法能够帮助企业更好地掌握和管理资产，从而提高企业的运营效率和盈利能力。在房屋建筑装修行业，固定资产主要包括建筑物、设备和机器等。下面将详细介绍固定资产管理的方法，包括资产登记与清查、资产维护与保养和资产处置与报废等。

资产登记与清查是固定资产管理中至关重要的一环。在房屋建筑装修行业，经常涉及大量的固定资产投入，因此及时、准确地登记和清查资产显得尤为重要。登记资产时，需要详细记录资产的名称、规格型号、数量、原值等信息，并及时更新到固定资产清查表中。定期对固定资产进行清查，发现异常情况及时调查核实，确保固定资产账实相符。合理的资产登记与清查方法能够帮助企业避免资产遗漏或重复登记，从而减少因管理不善而造成的损失和浪费。

资产维护与保养也是固定资产管理中不可或缺的一部分。房屋建筑装修行业的固定资产通常需要经常性地维护和保养，以保证其正常运转。对于建筑物来说，定期的清洁、检查和维修是必不可少的，可以延长建筑物的使用寿命，并且提高固定资产的使用效率。对于设备和机器而言，更是需要定期进行润滑、清洗、保养和检修，以防止因设备故障造成的生产中断和安全事故。建立科学的资产维护与保养计划，合理安排维护人员和时间，对于房屋建筑装修企业来说是非常必要的。

资产处置与报废是固定资产管理中最终的环节。在房屋建筑装修行业，固定资产往往随着工程的完工或者设备的更新而需要进行处治或报废。在进行资产处置或报废时，需要严格遵循相关的政策法规，对固定资产的价值、使用状况进行充分评估，作出合理的决策。对于无法再利用的固定资产，需要及时清理报废，规范处理，防止造成资源浪费和环境污染。建立健全的资产处置与报废制度，对于房屋建筑装修企业来说是非常重要的，可以减少不必要的损失和环境负担。

固定资产管理的方法在房屋建筑装修行业具有重要意义，资产登记与清查、资产维护与保养和资产处置与报废是固定资产管理的重要环节，房屋建筑装修企业应该建立完善的管理制度，加强资产管理，提高资产使用效率，降低资产管理成本，实现企业可持续发展。

## 2. 固定资产维护的最佳实践

房屋建筑装修会计实务是一个深奥而又实用的领域，而固定资产维护则是其中的一个重要环节。在日常管理中，固定资产的维护不仅关乎房屋建筑的使用寿命和价值，更关乎企业的可持续发展和经济效益。在本部分内容中，我们将重点讲解固定资产维护的最佳实践，包括预防性维护、计划性维护和修复性维护等。通过深入的分析和案例研究，帮助读者更好地掌握这一关键技能，提高管理水平，实现经济效益最大化。

预防性维护是固定资产管理中至关重要的一环。通过定期的检查和保养，可以有效延长房屋建筑的使用寿命，降低维修成本，避免因设备故障而导致生产中断。在实际操作中，做到预防维护需要有严密的计划和全面的覆盖。需要建立完善的资产档案，明确每一项固定资产的基本情况和维护周期，确保每一项资产都能得到充分的关注和照顾。还需要建立健全的维护制度和操作规范，保证每一次维护都能达到预期的效果。充分发挥现代科技的优势，可以借助信息化管理系统，实现对固定资产维护的精细化管理。

在实际操作中，计划性维护也是不可或缺的一环。相较于预防性维护，计划性维护更加注重前瞻性和全局，要求在系统性维护框架下实现资产管理与生产运营的协同。据统计，采用计划性维护方式，可使维护成本降低30%，维护效果提高50%以上。在实际操作中，可以通过精密的设备管理系统，实现对固定资产运行状态的实时监控和诊断，提前发现隐患并加以处理。还需要根据固定资产的使用状况和实际需求，制订详细的维护计划，合理安排维护工作，确保维护工作的全面性和及时性。

当固定资产出现故障时，修复性维护则是必不可少的一环。尽管我们在预防性维护和计划性维护方面已经做了充分的工作，但毕竟设备还是会有故障的可能。而如何快速、高效地进行维修，是影响企业运行的关键因素之一。在实际操作中，可以根据固定资产的重要性和紧急程度，建立维修优先级制度，确保关键设备能够得到迅速的维修响应。还需要建立健全的维修记录和成本核算制度，及时吸取经验教训，不断改进维修方案，提高维修效率和质量。

固定资产维护的最佳实践需要我们在预防性维护、计划性维护和修复性维护等方面都做好充分的准备和规划。只有将这些环节做到位，才能保障固定资产的正常运行，降低维护成本，提高生产效率，为企业的可持续发展奠定坚实的基础。希望通过本部分内容的分享，读者能够更好地认识固定资产维护的重要性，更好地将其运用于实际工作和生活中。

### 三、无形资产管理与评估

房屋建筑装修会计实务是一个复杂的领域，其中无形资产管理与评估扮演着至关重要的角色。无形资产指的是无形的资产，如知识产权、品牌价值、专利和商誉等，它们在房屋建筑装修过程中扮演着至关重要的角色。正确管理和评估无形资产对于确保项目的成功和盈利至关重要。

为了正确管理和评估无形资产，首先需要清晰地了解其重要性。无形资产在房屋建筑装修过程中扮演着多种角色，比如品牌价值直接影响到产品的市场竞争力，知识产权和专利保护则可以确保项目的创新性和独特性。正确管理无形资产可以有效地降低企业的风险和提高资产的利用效率，从而最大化利润。对无形资产的正确管理和评估至关重要。

我们将介绍一些正确管理和评估无形资产的方法。首先是建立完善的无形资产管理制度，包括明确无形资产的范围和价值、建立评估标准和流程等。其次是进行定期的无形资产评估，以确保其价值的准确性和实时性。对于不同类型的无形资产，也需要采用不同的评估方法，比如对于品牌价值可以采用市场比较法，对于专利价值可以采用成本法等。还需要建立健全的无形资产保护措施，比如完善的知识产权保护、合同约束和技术保密措施等，以确保无形资产的安全性和长期性。

无形资产管理与评估在房屋建筑装修会计实务中具有重要的地位和作用。正确的无形资产管理与评估方法可以为项目的成功和盈利提供有力保障，因此在实践中需要高度重视和严格执行。

### 1. 无形资产管理的方法

房屋建筑装修会计实务是一个复杂而重要的领域，其中无形资产管理尤为关键。无形资产管理方法的优化对于房屋建筑装修企业的持续发展至关重要。在这个过程中，知识产权管理、品牌管理和合规管理是三个重要方面。

知识产权管理是无形资产管理的重要组成部分。在房屋建筑装修行业，公司通常拥有各种各样的知识产权，如专利、商标和版权等。建立健全的知识产权管理体系至关重要。这包括及时申请、维护和保护相关知识产权，以保障公司的创新和竞争优势。建立知识产权管理的流程和标准，对于保障公司合法权益和提升市场竞争力都具有重要意义。

品牌管理也是房屋建筑装修企业无形资产管理的关键环节。企业的品牌是其价值和声誉的象征，良好的品牌管理能够为企业带来持续的竞争优势。企业需要建立完善的品牌管理体系，包括品牌定位、品牌传播和品牌保护等方面。在新媒体时代，品牌管理也需要与互联网和社交媒体相结合，以更好地推广和维护品牌形象。

合规管理也是无形资产管理的重要内容之一。房屋建筑装修企业需要遵守各种法规和标准，包括建筑法规、环保法规等。建立健全的合规管理体系，对于降低企业经营风险、提高企业信誉具有重要作用。合规管理也包括与各种相关部门进行有效沟通与合作，确保企业在法规执行和监管方面始终处于合法合规的状态。

优化无形资产管理方法对于房屋建筑装修企业的发展至关重要。通过健全知识产权管理、品牌管理和合规管理体系，企业能够更好地保护和利用自身的无形资产，提升企业的竞争力和持续发展能力。这也需要企业全体员工的共同努力和持续改进，才能在激烈的市场竞争中立于不败之地。

### 2. 无形资产评估的最佳实践

在房屋建筑装修会计实务中，无形资产评估的最佳实践至关重要。无形资产评估涉及市场法、成本法和收益法等评估方法的应用，是一个复杂而又关键的环节。在进行无形资产评估时，需要综合考虑各种因素，确保评估结果准确无误，从而为企业的决策提供有力支持。

市场法是无形资产评估中常用的一种方法。它通过比较市场上类似无形资产的交易价格来确定评估对象的价值。在实际操作中，评估师需要收集大量的市场数据，并对这些数据进行分析和比较。评估师还需要考虑市场供需关系、经济环境等因素对无形资产价值的影响。只有全面细致地进行市场调研和分析，才能够得出准确的评估结果。

成本法是另一种常用的无形资产评估方法。它主要通过计算重建或复制无形资产所需的成本来确定其价值。在应用成本法进行评估时，评估师需要结合当前的成本数据，考虑资产的折旧和残值等因素，进行复杂的计算和推演。评估师还需要对不同类型的无形资产采取不同的成本核算方法，确保评估结果的科学性和合理性。

收益法是评估无形资产价值的又一重要方法。它主要通过预测无形资产未来的盈利能力来确定其价值。在运用收益法进行评估时，评估师需要对企业未来的盈利情况进行合理的预测和分析。这需要对行业发展趋势、市场需求、技术创新等多种因素进行综合考量，作出科学合理的预测。只有将所有可能影响到企业盈利能力的因素都考虑在内，才能够得出具有较高说服力和可信度的评估结果。

无形资产评估的最佳实践涉及市场法、成本法和收益法等多种评估方法的应用。在实际操作中，评估师需要综合考虑各种因素，进行全面细致的调研和分析，以确保得出准确、可信的评估结果。只有如此，评估结果才能够为企业的决策提供有力支持，确保企业的发展方向和战略部署的科学性和合理性。

# 第 5 章

# 税务与法律合规

本章介绍建筑行业税务与法律合规的关键问题和解决方法。分析建筑行业税务问题的特点和挑战,包括税收政策和规定的复杂性、适用税率和税务风险等。详细阐述法律合规要求与风险,包括合同法、劳动法等相关法律法规的遵守和合规管理。介绍税务筹划与风险管理的方法和工具,包括合理避税和减税的策略以及税务风险的评估和防控措施。通过本章的学习,读者将掌握建筑行业税务与法律合规的基本原则和实践技巧,提高税务和法律风险管理的能力。

# 建筑行业税务问题

建筑行业税务问题涉及多个方面，包括企业所得税、增值税、个人所得税等。建筑企业需要合理规划税务筹划，保证合规性和减税效果。

## 一、建筑行业税务制度概述

建筑行业作为一个涉及土地、设计、建筑、装修等多个环节的产业，其税务问题的复杂性不言而喻。在建筑行业，税务制度的执行对于税务人员和企业管理者来说是至关重要的。在本部分中，我们将详细介绍建筑行业税务制度的基本原则和适用范围，以帮助读者更好地理解并应对税务管理中的挑战。

建筑行业的税务制度是建立在国家税收法规的基础上的。税收法规明确了建筑行业应缴纳的各项税费，包括但不限于营业税、企业所得税、增值税等。针对不同的建筑活动，可能还涉及土地增值税、房地产税等特殊税种。在建筑行业的税务管理中，必须严格按照国家税收法规的规定进行申报和缴纳。

在建筑行业中，税务管理的适用范围是非常广泛的，涉及建筑项目的发起方、开发商、设计单位、施工方、装修单位等各个环节，都需要进行税务管理。这些环节涉及的税务问题多种多样，包括财务核算、税负优化、税收筹划、税务风险防范等方面，需要专业的税务管理人员进行管理和规划。

建筑行业税务制度是一个复杂而又重要的领域。建筑行业税务管理的重要性不言而喻，只有合规地进行税务管理，企业才能实现稳健发展。深入了解建筑行业税务制度的基本原则和适用范围，对于税务从业人员和企业管理者来说都是至关重要的。希望本部分内容能够为读者提供一定的参考和帮助，使他们在税务管理中能够应对各种挑战，做出正确的决策。

### 1. 建筑行业税务的基本原则

在建筑行业，税务制度的基本原则是非常重要的，它涵盖了一系列关键要素，包括税种合理、征收公平、税负适当、税制简化和税收法治化。税种合理是指建筑行业税收政策应当符合实际情况，合理确定税种种类和税率水平，避免出现过多重复征税或税种设置不当的情况。征收公平是指税务部门在征收税款时应当公平公正，不偏袒任何一方，确保每一个纳税人都能够按照法定程序缴纳应纳税款。税负适当意味着纳税人应当根据自身财务状况合理缴纳税款，避免因税收过重导致经营困难或者逃避纳税。税制简化是指建筑行业税收政策应当简化税制，减少税收征管成本，提高税收征管效率，为纳税人提供更加便捷的税收服务。税收法治化是指建筑行业税收征管应当遵循法律法规，严格依法征税，保障纳税人的合法权益，防止滥用税收政策权力。这些原则的贯彻执行，将有效促进建筑行业税收征管体系的健康发展。

### 2. 建筑行业税务的适用范围

在房屋建筑领域，税务的适用范围主要涉及房屋建筑、装修以及相关工程。在房屋建筑中，按照税法规定，纳税人应当按照实际发生的工程款项向税务机关进行申报纳税。这些工程款项包括地基、基础、主体建筑、屋面、附属设施和室内装修以及供暖、给排水、通风、空调和电气等系统工程。税收管理部门要求纳税人应当按照工程实际发生款项向税务机关进行申报纳税，且需要提供与实际工程相适应的合同、施工图纸、施工凭证以及施工人员工资等相关凭证。这些规定旨在规范房屋建筑领域的税收管理，保障税收的稳定和透明。

在市政工程领域，税收的适用范围也是非常广泛的。市政工程主要包括城市道路、桥梁、隧道、给排水和环境卫生工程等。这些工程的纳税范围可以涵盖施工阶段的各种费用，如工程施工、材料采购、机械设备使用等。根据税法规定，纳税人在进行市政工程时需要对实际发生的费用进行申报纳税，并提供相关的施工合同、采购发票、工程进度表和财务支付凭证以及施工人员工资等相关证明材料。税收管理部门将依据这些材料来核算工程的应纳税额，加强对市政工程领域的税收管理。

在园林绿化领域，税务的适用范围也备受关注。园林绿化工程是指城市和乡村的绿地、公园绿地、景观绿化工程等。在园林绿化工程中，纳税人需要对工程中的植物材料、种植费用、园林设计等进行申报纳税。税收管理部门要求纳税人提供与实际工程情况相符的合同、施工图纸、种植费用支付凭证以及相关的施工人员工资等证明材料。这些管理规定旨在加强对园林绿化领域的税收管理，促进该领域的健康发展。

建筑行业税务的适用范围非常广泛，涵盖了房屋建筑、市政工程、园林绿化等多个领域。不同领域在税收管理方面都有相关的规定和要求，以保障税收的稳定和透明。纳税人在进行建筑行业的相关工程时，应当充分了解税法规定，在合规的前提下进行申报纳税，促进建筑行业的健康发展。

### 3. 建筑行业税务筹划

建筑行业税务筹划是建筑行业企业在遵守国家税收政策法规的前提下，通过合理合法手段降低税负，规避税务风险，提升企业的竞争力和盈利能力。在建筑行业税务筹划的实务操作中，企业可以通过合理的税收规划，降低税负，增加经营利润，培育和增强企业自身的核心竞争力。本部分将着重介绍建筑行业税务筹划的方法和注意事项，帮助企业更好地了解和应用税收政策，实现企业效益的最大化。

建筑行业税务筹划的方法。为了实现建筑行业企业的合法税收筹划，企业需要深入了解和掌握国家税收政策和法规，结合企业的实际情况，采取有效的税收规划措施。企业可以通过精心设计的税务结构，合理调整企业收入与支出结构，灵活运用税收抵免、减免、退税等优惠政策，优化税务成本，确保企业合法合规地减少税负。

建筑行业税务筹划的注意事项。在实施税务筹划过程中，企业需要注意遵守国家税收政策法规，坚持诚实守信原则，严格按照法律规定履行申报纳税义务。企业还需加强内部管理，规范会计核算，确保税收申报的准确性和完整性，避免因涉税违法违规行为而导致的风险。建筑行业企业还应加强与税务机关的沟通和协调，及时了解和掌握税收政策的最新动态，准确把握税收政策变化对企业的影响，以便调整和优化税收筹划方案。

建筑行业税务筹划是企业在遵守税收政策法规的前提下，通过合理合法手段降低税负，规避税务风险的重要手段。企业需要结合实际情况，通过合理的税收规划，降低税务成本，提高经营效益，增强竞争力。企业在实施税务筹划时，也要严格遵守税收政策法规，加强内部管理，与税务机关保持密切沟通，以实现企业效益的最大化。

## 二、建筑行业增值税

在建筑行业中，增值税是一项极为重要的税种，对于建筑企业而言具有重要意义。在日常的经营活动中，建筑企业需要了解增值税相关政策和操作流程，包括建筑工程进项税额抵扣和销售合同分类等问题。本部分将对建筑行业增值税的相关内容进行详细介绍，以帮助读者更好地理解并应用增值税政策。

建筑行业在申报和缴纳增值税时需要注意的重要问题之一是建筑工程进项税额抵扣。建筑企业在购买原材料、设备和其他服务时，支付的增值税可以作为进项税额进行抵扣，从而减少应纳税额，降低税负。建筑企业需要了解哪些项目可以抵扣，抵扣的具体流程和标准是怎样的，以及相关的注意事项。只有做到了解政策，并且严格按照规定操作，企业才能更好地进行增值税的抵扣，降低成本，提升盈利能力。

对于建筑行业而言，销售合同的分类对于增值税的申报具有重要影响。不同类型的销售合同所适用的税率和政策有所不同，因此建筑企业需要根据不同的合同类型进行分类，合理申报增值税。在实际操作中，建筑企业需要了解不同合同类型的特点和税收政策要求，合理分类销售合同，避免因为分类不当而导致的税收风险。在销售合同方面，企业还需要合理规划，在与客户签订合同时就要考虑税收政策，避免合同条款与税收政策不符，导致增值税方面的问题。

建筑行业增值税涉及众多政策和操作流程，建筑企业必须对相关政策和流程有深入了解，合理运用政策，才能更好地规避税收风险，降低税负，增加盈利能力。希望本部分内容可以帮助读者更全面地了解建筑行业增值税，以达到更好的税收管理和业务运营效果。

### 1. 建筑行业增值税政策

在房屋建筑装修会计实务中，增值税政策是至关重要的一部分。在建筑行业中，增值税政策涉及一般计税方法和简易计税方法两种方式。这两种方法在适用条件和操作上有着明显的区别。

一般计税方法是指按照销售额和购进成本确定应纳税额的方法。在建筑行业中，一般计税方法适用于规模较大、复杂度较高的企业。这种方法需要企业对每一笔交易进行详细的纳税记录和核算，以确保纳税的准确性和及时性。企业需要配备专业的会计人员，以确保税务申报的准确性和合规性。

相比之下，简易计税方法则是一种简化的计税方式，适用于小型建筑企业或者专业装修公司。简易计税方法不仅简化了纳税记录的要求，还减少了企业的纳税申报程序。这种方法对于资金周转紧张的小型企业来说，可以减轻财务压力，提高经营效率。

在实际操作中，企业需要根据自身的情况和税务政策的要求，选择适合自己的增值税计税方法。对于规模较大的建筑企业来说，一般计税方法可以更好地满足复杂经营环境下的纳税需求；而对于小型企业来说，简易计税方法则可以减少税务申报的时间和成本，提高经营效率。

在房屋建筑装修会计实务中，了解建筑行业增值税政策的相关内容对企业的财务管理和税务申报至关重要。只有深入了解并合理运用增值税政策，企业才能更好地规范经营行为，降低经营成本，提升竞争力。建议企业在选择增值税计税方法时，应结合自身发展阶段和财务状况，谨慎选择适合自己的计税方法，以确保税务申报的准确性和合规性，为企业的可持续发展提供有力支撑。

**2. 建筑工程进项税额抵扣**

建筑企业在建筑工程中购买建筑材料、设备等必不可少，而这些购买所产生的增值税可以通过进项税额抵扣的方式来减少纳税额，从而降低企业的税负。进项税额抵扣是指企业在购买符合规定的货物和劳务后，可以抵扣其支付的进项税额，即购买方可将销售方开具的增值税专用发票上注明的增值税税额作为应纳税额抵减。

具体来说，建筑企业在购买建筑材料、设备时，需要向销售方索取增值税专用发票，并在收到该发票后及时进行登记和报销。登记时，应当核对发票内容的准确性，包括发票的名称、规格、数量、金额等，确保与实际购买情况相符。而报销则是指企业将购买材料、设备等支出列入当期成本，并在申报税款时按照规定抵扣相应的进项税额。这一过程需要严格按照税法规定的程序和要求进行操作，确保进项税额的抵扣合法有效。

除了登记和报销，建筑企业在进行进项税额抵扣时还需关注一些特殊情况。比如，对于涉及抵扣的进项税额，应当注意其必须是与企业生产经营有直接关联的，若是与非生产经营有关的支出则不能列入抵扣的范围。对于建筑工程中存在的建筑、安装、修理等不同性质的支出，也应当根据相关规定区分其抵扣方式，确保进项税额的合理抵扣。

建筑企业在进行建筑工程进项税额抵扣时，需要遵循严格的程序和要求，确保登记、报销和抵扣的合法有效。只有在遵循规定的前提下，企业才能享受到进项税额抵扣带来的减税效益，避免因不当操作而导致的税收风险。建筑企业需要加强对进项税额抵扣政策的理解和掌握，以确保自身在纳税过程中享有应有的权益。

### 3. 销售合同分类

在房屋建筑装修会计实务中，建筑企业在销售建筑工程、物业等产品时，需要根据合同类型将销售收入进行分类。这一过程至关重要，因为不同类型的合同可能会影响到企业的纳税额。合同分类的标准和要求显得至关重要。

我们需要明确的是，合同的分类并非随意而为，而是需要遵循一定的标准和要求。在销售合同分类中，最常见的标准包括合同的性质、合同的履行进度、合同中的条款等。这些标准需要在实际操作中被严格遵守，以确保分类的准确性和合法性。

在合同的性质方面，我们需要考虑合同是否属于建筑工程合同、物业租赁合同、销售合同等。不同性质的合同可能会有不同的税务政策和规定，因此需要根据性质进行分类。

合同的履行进度也是一个重要的分类标准。例如，根据合同的履行情况，可以将收入分为已经完工的工程收入和尚未完工的工程收入。这样的分类可以帮助企业更准确地掌握实际收入情况，从而合理安排资金和经营。

合同中的条款也可以成为分类的依据。一些合同可能包含了特殊的条款，例如延迟履行条款、质量保证条款等，这些条款的存在可能会影响到收入的确认和分类，因此需要引起企业的高度重视和注意。

在房屋建筑装修会计实务中，销售合同的分类是一个至关重要的环节。只有严格按照标准和要求进行分类，企业才能更加准确地了解实际收入情况，避免税务风险，确保合规经营。建筑企业需要在实际操作中加强对销售合同分类标准和要求的学习和理解，做到严格遵守并合理运用到企业的日常经营中。

## 三、建筑行业企业所得税

在房屋建筑装修会计实务中，建筑行业企业所得税是一个重要的方面。建筑企业所得税是指建筑企业在所得收入上按照税法规定计算和缴纳的税金。它不仅涉及企业的财务成本，还关乎到企业的合规经营和税务风险管理。

让我们来了解建筑企业所得税的税率。建筑企业所得税的税率是按照企业的所得额来确定的，一般来说，税率是逐级累进的，即所得额越高，税率也越高。对于建筑企业来说，需要特别注意税法对于不同类型收入的不同税率规定，比如工程款、技术服务费等，这些都将直接影响到企业的纳税负担。

纳税期限也是建筑企业所得税管理中的关键环节。企业需要按照税法规定及时足额缴纳所得税，否则将会面临滞纳金、罚款甚至税务风险。在建筑行业，由于项目周期较长、资金回笼时间较长的特点，纳税期限可能受到一定影响，因此企业需要做好财务计划和资金管理，以保证所得税的及时缴纳。

有效的税务风险管理对于建筑企业尤为重要。建筑企业所得税管理中存在着一些特殊的税务风险，比如工程款的税务处理、地方性税收差异等，企业需要制定相应的税务风险管理策略，包括合规经营、税务政策遵从等方面。建筑企业还需要关注税收优惠政策和税收政策的变化，及时调整企业的税务筹划。

建筑企业所得税管理对于企业的财务稳健和税务合规都具有重要意义。企业需要根据税法规定，合理进行所得税的申报和缴纳，并且建立健全的税务风险管理机制，以确保企业的可持续发展。

**1. 建筑企业所得税税率**

当涉及建筑企业的所得税税率时，我们需要了解到这一税率是根据企业所得额的不同而有所不同的。具体来说，建筑企业的所得税税率计算方法是根据企业的应纳税所得额来确定的。在这里，我们将逐步介绍建筑企业所得税税率的具体计算方法，以便让读者更清晰地了解税率的相关内容。

我们需要明确企业的应纳税所得额是如何确定的。应纳税所得额是指企业的利润总额扣除法定减除项目后的金额，也就是企业实际需要缴纳所得税的利润金额。对于建筑企业来说，应纳税所得额的计算方法是非常重要的，因为它直接影响着实际需要缴纳的所得税金额。在确定了应纳税所得额之后，接下来就是根据这一金额来计算所得税税率了。

建筑企业所得税税率的计算方法是根据企业的应纳税所得额来确定的。税率一般为25%；对于应纳税所得额在300万元以下的企业，所得税税率为20%，而对于应纳税所得额超过300万元但不超过500万元的，所得税税率为25%。这意味着，建筑企业的所得税税率是逐级递进的，随着企业利润的增加而逐渐提高，这也是税法对企业盈利能力的一种激励和调节机制。

在实际操作中，建筑企业需要根据企业的具体情况来确定应纳税所得额，并据此计算出相应的所得税税率。这需要对企业的财务数据进行仔细分析和核实，以确保计算的准确性和合法性。建筑企业还需要注意及时了解税法政策的变化，以便根据最新的法规来确定适用的所得税税率，避免因为税率的变化而造成不必要的税务风险。

建筑企业所得税税率的具体计算方法是根据企业的应纳税所得额来确定

的，而应纳税所得额则是根据企业的利润总额扣除法定减除项目后的金额来确定的。了解并掌握建筑企业所得税税率的计算方法对于企业的财务管理和税务筹划至关重要，希望通过本部分内容的介绍，读者能够更好地理解和应用相关知识，提高企业的税务管理水平。

2. 建筑企业所得税纳税期限

建筑企业所得税的纳税期限是指纳税人按照国家税务机关规定的时间要求进行纳税申报和缴纳所得税的时间限制。根据国家税务总局的规定，建筑企业所得税的纳税期限是按月或按季度纳税。具体来说，对于年度销售额超过500万元的建筑企业，应当按月进行纳税申报和缴纳所得税；而对于年度销售额不足500万元的建筑企业，则可以选择按季度进行纳税申报和缴纳所得税。

在进行建筑企业所得税纳税申报和缴纳的过程中，纳税人需要特别注意纳税期限的具体规定。按月纳税的建筑企业应当在每个月的15日之前完成上一个月的纳税申报和缴纳；而按季度纳税的建筑企业则需要在每个季度的15日之前完成上一个季度的纳税申报和缴纳。如果遇到法定节假日，纳税期限会相应延长，纳税人需要及时关注国家税务总局的公告，避免错过纳税期限。

值得注意的是，在纳税期限内未完成所得税的纳税申报和缴纳将会受到相应的罚款和利息，给建筑企业带来不必要的经济损失。建筑企业需要严格遵守所得税的纳税期限，合理安排财务和税务工作，确保按时足额完成所得税的纳税申报和缴纳，避免造成不必要的经济损失。建议建筑企业加强财务管理，与税务机关建立良好的沟通与合作关系，及时了解纳税政策和法规的变化，以更好地处理好纳税期限相关的工作。

3. 建筑企业所得税风险管理

建筑企业在纳税过程中面临着诸多风险，其中包括税务审计和税务争议等问题。如何进行有效的所得税风险管理，成为建筑企业必须认真对待和有效应对的挑战。下面将详细介绍建筑企业所得税风险管理的具体措施和案例分析，以便为该行业的从业者提供有益的参考和指导。

完善的税收筹划：建筑企业可通过完善合理的税收筹划，合法规避税收风险。例如，合理运用折旧、摊销等税收优惠政策，降低企业应纳税额度，从而减少税收风险的发生。建筑企业还可以在资产置换、重组等方面进行合理规划，有效降低所得税负担。

强化会计内控：建筑企业应加强会计内控，确保财务数据的准确性和真实性。通过建立健全的会计核算制度和内部控制措施，及时发现和纠正财务数据的错误和失实，避免因会计失误而引发的税务审计和风险。

注重税务合规：建筑企业应严格依法纳税，合规经营。加强对国家税收政策的研究和了解，确保企业税收行为与法律法规的合规性。建筑企业还应在税前咨询和申报环节做好税务风险管控，主动配合税务机关的税收检查和审计工作。

以某建筑企业为例，该企业在税务管理过程中出现所得税风险，主要是由于未能合理运用税收筹划政策和弱化了内部会计控制。在税收筹划方面，该企业没有积极运用折旧、摊销等税收优惠政策，导致应纳税额度较高，增加了税务风险。而在内部会计控制方面，存在因为会计人员失误或管理不善而导致的财务数据错误，进而引发税务审计和税务争议。

为了解决这些问题，该建筑企业采取了一系列有效措施，包括加强财务人员的税收筹划培训和会计内控规范制度的建立。通过这些举措，该企业成功降低了所得税风险，提高了税收合规性和管理水平，为企业的健康可持续发展提供了有效保障。

建筑企业所得税风险管理是企业管理中至关重要的一环，有效的风险管理措施和成功的案例经验对于企业的发展至关重要。希望通过本部分内容的介绍和分析，能够为建筑企业的税务管理提供更多有益的启示和帮助。

# 法律合规要求与风险

建筑企业需要遵守的法律合规要求包括劳动法、建筑法、环保法等。法律合规风险包括人员安全、环境保护、质量安全等。建筑企业需要建立完善的法律合规制度，保证法律合规和风险控制。

## 一、建筑行业法律法规概述

建筑行业法律法规的基本原则和适用范围涉及了建筑法、招标投标法、工程建设项目环境影响评价条例等多个方面。建筑行业的法律法规是为了规范和保护建筑市场秩序，保障建筑工程的安全、质量和环境保护。在建筑法中，规定了建筑工程的施工许可、施工质量、工程监理等方面的规定，旨在通过法律手段来管理和规范建筑行业，确保建筑工程的安全和质量。招标投标法则是为了规范建筑工程的投标行为和招标程序，防止不正当竞争和利益输送，保障招标投标的公平、公正和公开。而工程建设项目环境影响评价条例则对建筑工程对环境可能造成的影响进行评价和管控，保护环境资源，维护生态平衡。

在建筑行业中，法律法规的适用范围也包括了建筑设计、施工、监理、材料采购、工程质量检测等多个环节。在建筑设计阶段，需要符合国家和地方的建筑规划、土地利用规划和城乡规划的相关法律法规，确保设计方案的合法性和可行性。在施工阶段，施工单位和施工过程需要遵守建筑法、劳动法和安全生产法等相关法律法规，保证工地安全和工人权益。在建筑监理和工程质量检测阶段，需要遵守相关的质量监督检验法规，确保建筑工程的质量达到国家规定的标准。在材料采购和使用过程中，需要遵守国家和地方对建筑材料的质量管理和环保要求，保证建筑材料的安全和环保性。建筑行业的法律法规涵盖了建筑的全过程，对建筑市场的各方面都有着严格的要求和规定。

建筑行业法律法规的规定和适用，为建筑行业的健康发展和可持续发展提供了强有力的保障。建筑行业的法律法规是为了保障建筑工程的安全、质量、环保和公平竞争，是建筑市场秩序正常运行和建筑市场健康发展的重要保障。只有遵守并且严格执行建筑行业的法律法规，才能有效地预防和遏制建筑市场中的违法违规行为，保护建筑市场的公平、公正和公开，为广大建筑参与者提供一个公平竞争的市场环境，推动建筑行业的持续健康发展。建筑行业的法律法规的遵守和执行对于促进建筑行业的规范化和专业化发展具有重要意义。

### 1. 建筑行业法律法规的基本原则

建筑行业法律法规的基本原则是确保建筑活动在法律框架内进行，遵循国家法律法规，实行合法合规的原则。在建筑装修过程中，必须合法获取相关施工许可和资质证书，确保各项工程符合国家规定的标准和规范。建筑行业法律法规还要求建筑单位和相关从业人员遵守相关的管理制度和规定，进行规范管理，保证工程施工的安全可靠性。

在建筑行业中，安全是首要考虑的问题。法律法规要求建筑单位和从业人员必须严格执行建筑施工安全标准，采取有效措施确保施工过程中的安全。

在建筑装修中，可能涉及施工现场的高空作业、危险化学品的使用等，因此必须严格遵守相关安全规定，确保施工过程中不会发生安全事故。建筑行业法律法规还规定了相关的安全防护措施和应急预案，以应对施工过程中可能发生的意外情况。

环保节能也是建筑行业法律法规所重视的内容。建筑单位和从业人员在进行建筑装修活动时，必须遵守国家的环保政策和法律法规，采取各种措施减少对环境的污染。在材料选择、施工工艺和建筑设计等方面，都要考虑节能环保的原则，推动绿色建筑和可持续发展理念。通过严格遵守相关环保节能法律法规，实现建筑装修活动与环境保护的良性互动，为建设美丽中国作出贡献。

建筑行业法律法规的基本原则涵盖了合法合规、规范管理、安全可靠和环保节能等方面，这些原则的实施不仅符合国家法律法规的要求，也有利于维护建筑市场的秩序和建设环境的和谐。建筑单位和从业人员应严格遵守相关法律法规，促进建筑装修行业的健康发展，为构建美好家园贡献力量。

### 2. 建筑行业法律法规的适用范围

建筑行业法律法规的适用范围涵盖了广泛的领域，包括建筑工程、市政工程、园林绿化等。在建筑工程方面，法律法规通常涉及建筑设计、施工许可、施工质量、安全生产等方面的规定。在市政工程领域，法律法规主要涉及城市规划、道路建设、桥梁建设、给水排水等方面的规定。而在园林绿化方面，法律法规则着重规范公共绿地、景观规划、园林设计等相关内容。建筑行业法律法规的适用范围极为广泛，覆盖了建筑、市政和园林等多个领域。

在建筑工程领域，法律法规的适用范围主要包括建筑规划、设计、施工、验收等多个环节。例如，建筑工程设计必须符合国家相关规定，尤其在建筑结构、防火要求、节能要求等方面有着详细的规定。在施工阶段，法律法规要求施工单位必须符合安全生产的各项规定，保障施工现场的安全。建筑工程的验收也必须符合相关法律法规的要求，确保建筑质量符合国家标准。建筑工程领域的法律法规适用范围涉及建筑工程的各个环节，保障了建筑工程的质量和安全。

在市政工程方面，法律法规的适用范围涵盖了城市规划、道路建设、桥梁建设、给水排水等方面的规定。城市规划必须符合国家和地方政府的相关规定，保障城市的发展和居民的生活质量。道路建设和桥梁建设的法律法规则涉及道路和桥梁的设计、施工、维护等方面，保障公共交通的畅通和安全。给水排水方面的法律法规适用范围涉及城市给水和排水系统的建设和运营，保障居民的日常生活用水和环境的卫生。市政工程领域的法律法规适用范围涵盖了城市基础设施建设和运营的方方面面，保障了城市的良好运转。

在园林绿化领域，法律法规的适用范围主要包括公共绿地、景观规划、园林设计等方面的规定。公共绿地的法律法规要求涉及公园、广场、绿化带等公共绿地的规划、建设和管理，保障了城市居民的休闲和健康。景观规划的法律法规适用范围涉及城市景观的规划和建设，保障了城市的美观和宜居性。园林设计方面的法律法规则要求涉及园林景观的设计和施工，保障了园林景观的质量和效果。园林绿化领域的法律法规适用范围覆盖了城市园林景观的方方面面，保障了城市的绿化和美化。

### 3. 合同管理法律法规

建筑行业合同管理是建筑企业运营中至关重要的一环，不仅涉及企业与客户之间的权益，也直接关系到法律法规的合规执行。建筑行业的合同管理法律法规备受关注，对建筑企业的经营和发展具有深远的影响。

在建筑行业，合同管理涉及诸多法律法规的具体内容。合同的签订必须符合相关的建筑法律法规，合同中的条款和内容必须合乎法律规定，保护双方的合法权益。合同的履行和执行也必须严格依照建筑行业相关的法律法规进行，确保合同的有效性和合法性。

在建筑行业的合同管理中，建筑企业需要密切关注建筑合同法、建筑工程质量管理条例、建筑工程招标投标法等一系列与合同管理相关的法律法规。这些法律法规明确了合同签订的程序和要求、合同履行的标准和程序、合同变更和解除的条件和程序等内容，为建筑企业提供了明确的合同管理指导。

建筑行业的合同管理还需遵循国家有关建筑质量、安全生产、环保等方面的法律法规，确保合同的执行过程中符合国家的相关标准和规定。例如，建筑施工现场的安全生产必须符合国家建筑施工安全生产管理规定，建筑工程的质量必须符合国家建筑工程质量管理条例的规定。

建筑行业的合同管理法律法规涉及诸多方面，建筑企业必须严格遵守并实施，确保合同的合法性和有效性，同时保护企业和客户的合法权益，促进建筑行业的健康发展。建筑企业在合同管理过程中应加强对法律法规的学习和理解，健全合同管理制度，提高合同管理的规范性和科学性。

## 二、建筑行业合同管理

建筑行业合同管理是建筑工程中至关重要的一环，它涉及建筑企业和业主之间所签订的各种合同。在建筑行业中，合同管理是确保项目顺利进行、双方利益得到保障的重要环节。建筑行业合同管理包括多种形式和需要特别注意的事项，下面将逐一介绍。

建筑行业合同管理包括建立正式的合同文件。在签订合同之前，建筑企业和业主需要协商确定合同的各项条款，包括工程内容、工程造价、工期安排等。合同文件需要清晰明了地规定双方的权利和义务以及项目的具体要求。合同文件还需要包括违约责任和解决纠纷的条款，以防止可能出现的问题。

建筑行业合同管理涉及履约保证和支付管理。建筑企业需要按照合同的约定，保证按时按质完成工程项目。而业主则需要按时支付工程款项，确保建筑企业能够正常开展工程。合同管理中，双方需要严格履行合同约定，确保项目的顺利进行。

建筑行业合同管理还包括变更管理和索赔处理。在工程项目进行中，可能会出现一些不可抗力因素，导致工程发生变更。此时，双方需要进行合理协商，签订变更协议，明确新的工程内容和造价变化。在工程施工中，如遇到工程延误、增加临时工程量等情况，双方也需要进行索赔处理，最大限度地维护自己的权益。

建筑行业合同管理还需要注意合同的审查和结算。在工程完成后，建筑企业需要提交工程竣工资料和结算报告，业主需要对工程的质量和数量进行审查，确保符合合同约定。双方最终进行结算，完成工程款项的支付。

建筑行业合同管理涉及多方面的内容，包括合同文件的建立、履约保证和支付管理、变更管理和索赔处理，以及合同的审查和结算。只有双方严格按照合同约定进行管理，才能保证工程项目的顺利进行，双方利益得到保障。

### 1. 建筑行业合同种类

在建筑行业中，合同是各种业务活动中不可或缺的一部分。建设工程合同是建筑行业中最为常见的合同之一，它是建设单位与施工单位之间达成的一种约定，内容涵盖了工程建设的费用、工期、质量标准以及责任范围等。在合同中，一般会具体规定工程的施工标准、资金支付方式、违约责任等方面的条款，以确保工程的顺利进行和双方权益的保障。

采购合同则是建筑行业中另一种重要的合同类型。它是建设单位与材料供应商之间的合作协议，目的是确保项目所需的原材料和设备能够及时供应，保证施工工程的正常进行。采购合同内容一般包括供货商的资质条件、产品质量标准、交货地点和时间、售后服务等条款，以保证所采购的材料符合工程要求，同时降低采购风险。

劳务合同也是建筑行业中不可或缺的一种合同类型。劳务合同是指建设单位与施工队伍、技术工人之间达成的协议，内容涵盖了劳务服务的范围、工资支付、劳动保护等方面的规定。在劳务合同中，一般会明确劳务人员的工作内容、工作时间、工资标准及工作条件，以确保施工队伍的素质和施工工作的质量。

设计合同也是建筑行业中重要的一部分。设计合同是建设单位与设计机构之间就工程设计服务达成的一种书面协议，内容一般包括设计任务、设计费用、设计成果交付、知识产权保护等方面的条款。设计合同有利于规范设计服务的内容和标准，明确双方的权利和义务，保障工程设计的质量和完成时间。

通过对建筑行业合同种类的详细介绍，可以更好地了解建筑行业中各种合同的特点和要求，有助于合同的签订和执行，保障建筑工程的顺利进行和双方利益的平衡。

### 2. 合同管理流程

合同管理流程在房屋建筑装修会计实务中起着至关重要的作用。一份合同的签订标志着双方意愿的确认，但合同管理流程的规范和标准化才是保障合同执行的重要手段。建筑企业在签订合同后，需要严格执行合同管理流程，以确保项目的顺利进行和质量保障。

在合同管理流程中，建筑企业需要对合同的签订进行严谨的记录和归档。这包括合同的起草、审批、签订以及存档等环节。在起草合同的过程中，需要明确合同的双方当事人、项目的基本信息、合同的履行内容和标的、付款方式、违约责任等条款。在审批和签订过程中，必须经过相关岗位的审批并由合同专人进行签订。签订后，合同应妥善存档，便于日后查阅和核对。

在合同管理流程中，建筑企业需要进行合同履行的监督和管理。这包括合同履行过程中的款项支付、工程进度和质量的检查、变更管理以及纠纷处理等环节。在款项支付过程中，需要核对各项款项支出的依据和合规性，确保资金使用的合理性和透明度。工程进度和质量的检查则需要建立完善的监督机制，及时发现和解决问题，确保工程质量和进度符合合同约定。变更管理和纠纷处理也是合同管理流程中的重要环节，需要建立明确的流程和责任人，以规避风险并保护企业的合法权益。

在合同管理流程中，建筑企业需要进行合同结算和归档。结算环节包括结算依据的核对、结算资料的准备和结算款项的支付等内容。合同的归档则需要对项目的全部资料进行完整归档，包括合同原件、付款凭证、相关验收证明和报告等。还需要将合同执行过程中的关键节点和经验进行和归档，以便日后的借鉴和经验积累。

通过规范和标准化的合同管理流程，建筑企业能够有效降低合同履行过程中的风险和纠纷，提高项目的执行效率和质量，从而实现持续健康发展。合同管理流程的规范化不仅能够为企业提供有效的管理工具，也能够为整个行业的规范发展提供有力支持。建筑企业应当重视合同管理流程的规范和标准化，加强对相关人员的培训和引导，确保合同管理流程的有效执行和落实。

### 3. 合同风险管理

房屋建筑装修会计实务在建筑企业的发展过程中起着至关重要的作用。与合同签订和履行相关的风险也是不可避免的。建筑行业合同风险管理显得尤为重要。本部分将深入探讨建筑行业合同风险的管理措施，并结合实际案例进行详细分析。

建筑企业在合同签订阶段需要充分了解和评估合同条款中可能存在的风险。除了和合作方进行充分的沟通和协商外，建筑企业还需要寻求专业的法律意见，确保自身利益不受损。比如，建筑项目在施工过程中可能发生变更，导致合同条款需要调整，而这些变更可能带来成本增加、工期延长等风险。建筑企业需要在合同签订阶段就对可能的风险进行认真评估，并在合同中明确相关的处理措施。

在合同履行阶段，建筑企业需要严格履行合同条款，保障自身权益的同时也要兼顾合作方的利益。例如，当合同出现争议时，建筑企业要及时启动争议解决机制，寻求合法合理的解决途径，避免影响项目的正常进行。建筑企业还需要保持与合作方的良好沟通，及时解决工程变更、款项支付等方面的问题，避免合同履行过程中的风险进一步扩大。

在合同风险管理方面，建筑企业还要加强内部管理和监督，建立健全的合同管理制度。通过规范合同起草、审批和签订程序以及建立合同履行的监督机制，有效降低合同风险的发生和扩大。建筑企业还可以通过引入保险、担保等方式，进一步降低合同履行过程中可能出现的风险。

建筑行业合同风险管理需要从合同签订到履行全过程进行综合管理。建筑企业应当从法律、管理和保险等多个方面着手，加强合同管理和风险防范，以确保项目顺利进行并最大限度保障自身利益。这样做不仅有利于建筑企业自身稳健发展，也有利于建设市场健康有序地发展。

### 三、建筑行业知识产权保护

建筑行业知识产权保护是一项重要的法律事务，涉及专利、商标和著作权等多个方面。建筑行业的知识产权保护不仅关乎企业的利益，更关乎整个行业的发展。下文将逐一介绍建筑行业知识产权保护的法律法规和实践经验，以期为相关从业者提供有益的指导和借鉴。

建筑行业的知识产权保护涉及专利的申请和保护。在建筑设计和施工过程中，许多创新的技术和方法都可以申请专利保护，以防止他人的侵权行为。专利保护通常需要向国家知识产权局递交专利申请，并经过审查批准后方可获得保护。在实践经验上，建筑企业需要加强对专利保护的重视，对公司内部创新进行及时的专利申请，以充分保护企业的技术创新成果。

建筑行业的知识产权保护还涉及商标的注册和维护。在建筑装修行业，很多企业都会注册自己独特的商标，以区分自己的产品和服务。保护好商标意味着保护好企业的品牌形象和市场地位。在实践中，建筑企业需要定期对商标进行续展，及时申请新的商标以适应市场变化，同时积极维护已注册商标的权益，防止他人侵权行为对企业形象造成损害。

建筑行业的知识产权保护还包括对著作权的保护。建筑装修设计方案、施工图纸等作品都属于著作权保护的范畴。在实践中，建筑企业需要在设计、施工过程中加强对著作权的管理和保护，防止他人未经许可复制、发布相关作品，损害企业的合法权益。

建筑行业知识产权保护是一项复杂而又重要的工作。企业需要对专利、商标和著作权等方面的知识产权加强保护，提升自身在市场竞争中的地位，同时也需要积极参与整个行业知识产权保护的工作，共同促进行业的健康发展。通过法律法规和实践经验的学习，建筑行业的知识产权保护工作将更加完善和有效。

### 1. 专利保护

在建筑行业，保护知识产权至关重要。特别是在研发新产品和技术方面，建筑企业必须及时申请专利保护，以防止他人抄袭或侵权。专利保护可以帮助企业确保其创新成果得到合法的保护和利用。本部分将详细介绍建筑行业专利保护的方法和要求，以帮助企业更好地保护自己的创新成果。

建筑企业在申请专利保护时，应该了解专利的类型和范围。建筑行业涉及的专利类型有很多，包括发明专利、实用新型专利、外观设计专利等。针对不同的创新成果，建筑企业需要选择合适的专利类型进行申请。企业还需要明确专利的保护范围，以便在申请时全面考虑。

建筑企业在申请专利保护时，需要充分准备申请材料。申请专利保护需要提交详细的技术方案、创新点描述、实施方法等内容，这些材料对于专利的审批非常重要。建筑企业应该在申请前对相关技术和创新成果进行充分的整理，以确保申请材料的完整和准确。

建筑企业在申请专利保护时，需要关注专利的审查和保护期限。专利申请一般需要经过审查才能获得授权，建筑企业需要耐心等待审查结果。企业还要注意专利的保护期限，及时进行续展或守护，以确保专利的持续有效。

建筑企业在获得专利权后，需要合理利用专利进行技术转化和产业化。专利权不仅可以保护企业的创新成果，还可以成为企业开展合作、引进投资、进行技术输出的有力工具。建筑企业应该充分利用专利保护，推动自身科技创新和产业发展。

建筑企业在研发新产品和技术时，应当重视专利保护。通过合理的专利申请和保护措施，建筑企业可以有效保护自身的创新成果，增强竞争优势，推动行业的科技进步和发展。专利保护在建筑行业具有非常重要的意义，建筑企业应该加强专利意识，合理利用专利保护，实现科技创新和经济效益的双赢。

### 2. 商标保护

在建筑行业，商标保护显得尤为重要，因为建筑企业需要通过商标来区分自己的产品和服务，树立品牌形象，获取市场竞争优势。而一旦商标权利受到侵犯，将会对企业形象和利益造成严重损害。建筑企业应加强对商标的保护，防止侵权和假冒行为。

在商标的注册方面，建筑企业应该全面了解商标注册的相关法律法规，积极申请注册自己的商标，并定期对商标注册信息进行更新和维护。注册商标后，企业要及时监测市场，发现任何可能侵权或假冒行为，立即采取法律行动，维护自身权益。建筑企业还可以通过与其他企业合作，共同保护商标权益，形成联合防线，提高商标保护的效果。

在商标的使用和管理方面，建筑企业应建立健全商标管理制度，明确商标使用的范围和条件，防止商标被无权使用或滥用。建筑企业还可以加强对员工和合作伙伴的商标保护教育，增强全员意识，确保商标权益得到有效保护。

建筑企业还可以借助监测和维权机构的力量，对市场上的商标动态进行跟踪和监控，做到早发现、早处理，提高商标保护的效果。建筑企业可以积极参与商标保护案例的分析，不断积累经验，提升自身的商标保护能力。

建筑企业应该意识到商标保护的重要性，采取积极有效的手段，加强对商标的保护，防止侵权和假冒行为的发生。只有做好商标保护工作，才能确保企业在激烈的市场竞争中立于不败之地，实现长远发展。

### 3. 著作权保护

房屋建筑装修会计实务在建筑行业中占据着重要的地位，而建筑企业的设计图纸、施工图纸等作品更是其中不可或缺的一部分。为了保护这些作品的著作权，我们需要了解并掌握建筑行业著作权保护的具体方法和要求。

建筑企业在进行设计图纸、施工图纸等作品创作时，应当及时进行知识产权登记，确保作品的著作权得到法律上的保护。在登记时，需要提交详细的作品描述和构图内容以及相关的权利人信息，确保登记信息的准确性和完整性。

建筑企业应当加强内部管理，明确作品的著作权归属，建立起完善的著作权保护制度。在设计、施工过程中，加强对作品的保密措施，避免未经授权的抄袭和复制行为，确保作品的独立性和原创性。

建筑企业还应当与相关的专业律师或知识产权机构合作，及时了解和掌握最新的法律法规和政策，保护自身的著作权不受侵犯。在发现侵权行为时，及时采取法律手段维护自身的合法权益。

建筑行业著作权保护是一项复杂而又重要的工作，需要建筑企业加强管理，遵循法律规定，保护自身的著作权。只有这样，才能推动建筑行业的创新发展，为行业的可持续发展提供保障。

# 税务筹划与风险管理

建筑企业需要进行税务筹划和风险管理，包括纳税筹划、税务合规、税务争议解决等。建筑企业需要根据实际情况制定合适的税务策略和风险管理措施，保证合规性和风险控制。

## 一、税务筹划的重要性与原则

房屋建筑装修会计实务是一个复杂的领域，其中税务筹划显得尤为重要。税务筹划是指企业为了合法减少税费负担而制定的具体措施和方案。在房屋建筑装修行业，正确的税务筹划可以有效降低企业的税收成本，提高经济效益，并且避免因税务问题而导致的风险和损失。本部分将从税务筹划的重要性和原则出发，为读者详细介绍在房屋建筑装修会计实务中的具体应用。

税务筹划应遵循合法合规的原则。在房屋建筑装修行业，企业应严格遵守税收政策和法规，不得以违法手段进行减免税款。合法合规是税务筹划的基本原则，在任何情况下都不应受到违法行为的影响，否则将会给企业带来严重的负面影响。税务筹划必须建立在完全合法的基础上，确保企业在减免税款的过程中不触犯法律红线。

税务筹划要充分利用税收政策和法规。针对房屋建筑装修行业的特点和税收政策的变化，企业可以通过充分了解税收政策和法规，灵活运用各项税收优惠政策，合理规划企业的税务事务。比如，根据最新的税收政策，对房屋建筑装修相关的成本支出和收入进行合理安排和分配，以获得最大化的税收优惠，从而降低企业的税收成本，提升盈利能力。

税务筹划需要合理规划企业的税务事务，降低企业的税务风险。在房屋建筑装修行业，税务风险是一个不可忽视的问题。企业应该通过合理的税务筹划，降低税务风险，避免因税收问题而导致的损失。例如，企业可以通过合理的资产配置，避免涉及高风险的税收问题，以确保企业的稳健发展和持续盈利。

税务筹划在房屋建筑装修会计实务中起着至关重要的作用。企业应该重视税务筹划的重要性与原则，充分理解税收政策和法规，合理规划税务事务，降低税务风险，从而为企业的可持续发展提供有力保障。本部分将为读者深入解析税务筹划在房屋建筑装修行业中的具体应用,并提供实用的操作指导,帮助企业轻松应对复杂的税务环境,实现税收优惠和经济效益的双赢局面。

### 1. 税务筹划的意义和目标

在房屋建筑装修行业,税务筹划显得尤为重要。通过有效的税务筹划,企业可以更好地提高经济效益和竞争力。税务筹划不仅可以帮助企业减少税费负担,还可以优化资源配置,促进企业的可持续发展。在房屋建筑装修行业,税务筹划的意义不言而喻。

税务筹划的目标之一是合法减少税费负担。通过合理的税务筹划方案,企业可以最大限度地合法减少应缴纳的税费金额,从而减轻企业的财务压力,增加利润空间。另一个目标是降低税务风险。通过精心设计的税务筹划方案,企业可以有效规避税务风险,避免因税务问题带来的经营困扰和损失。提高企业的税务合规性也是税务筹划的重要目标之一。合理的税务筹划方案不仅可以帮助企业遵守税法法规,还可以提高企业的税务合规水平,降低税务违法的风险。税务筹划在房屋建筑装修行业中的价值不可低估。

### 1. 税务筹划的意义和目标

税务筹划对于提高企业的经济效益和竞争力至关重要。通过合理的税务筹划方案,企业可以在合法范围内尽量减少应缴纳的税费金额,从而增加企业的利润空间,提高经济效益。税务筹划还可以通过优化资源配置,进一步提高企业的经济效益,增强企业的竞争力。税务筹划不仅可以提高企业的经济效益和竞争力,还能够减少税费负担,降低企业的财务压力,促进企业的可持续发展。

以上便是税务筹划的意义和目标在房屋建筑装修行业的相关内容。通过有效的税务筹划,企业可以提高经济效益和竞争力,减少税费负担,优化资源配置,促进企业的可持续发展。税务筹划在房屋建筑装修行业中具有不可替代的重要作用。

### 2. 税务筹划的原则和方法

税务筹划的原则和方法是指在遵循法律法规的前提下,通过合理规划企业的税务事务,最大限度地降低税收负担,减少税务风险,从而实现税收优化和合规运作。在进行税务筹划时,企业需要充分了解和运用税收政策和法规,合理利用各项税收优惠政策,避免违法违规的行为,确保企业税务事务的合法合规。

利润转移定价是一种常用的税务筹划方法。企业在跨境业务中可以通过合理设定跨国交易的价格，将利润合理地分配到不同的税收管辖区域，从而降低整体税负。这种方法需要企业具备一定的跨国税务知识和专业技能，同时需要遵循相关的国际税收规则和准则，确保定价政策符合公平合理原则，避免转移定价风险。

税收优惠政策的利用也是一种有效的税务筹划方法。各国在产业政策和经济发展方面都会出台一些税收优惠政策，企业可以通过符合条件的项目投资或符合规定的行业领域发展，享受相关的税收优惠政策，降低税务成本，提升企业的竞争力。但企业在使用税收优惠政策时需要了解政策的具体要求和限制，避免因误解或不当操作导致税收风险。

税务风险的评估和规避也是税务筹划中至关重要的一环。企业需要从税收政策、法规和实际经营中综合考虑，评估可能存在的税务风险，避免因为税收风险而带来的经济损失。对于一些复杂的税务问题，企业可以寻求专业的税务顾问或律师的帮助，制定有效的税务风险规避方案，确保企业的税务事务合法合规，避免因为税务纠纷而影响企业经营和发展。

税务筹划的原则和方法对企业的税务管理具有重要的意义。通过遵循合法合规原则，合理利用税收政策和法规，采取合理有效的税务筹划方法，企业可以降低税务风险，实现税收优化和合规经营，保障企业的可持续发展和竞争优势。

### 3. 税务筹划的实施与管理

房屋建筑装修会计实务在税务筹划的实施与管理方面起着至关重要的作用。税务筹划的实施并不是制定一些简单的税务方案，而是需要企业制定具体的措施和方案，并进行有效的管理和监控。在实施税务筹划的企业需要建立完善的税务筹划管理制度，明确责任与权限，以确保税务筹划的合法合规性和有效性。

税务筹划的实施需要企业制定具体的措施和方案。这包括对不同类型的房屋建筑装修项目进行全面的税务调研和分析，以确定最适合企业的税务筹划方案。这可能涉及税收优惠政策的了解和运用，以及对不同装修项目所适用的税率和税收减免政策的研究。企业需要针对不同的装修项目，制定个性化的税务筹划方案，以最大化税收优惠和减免，从而降低成本，提高效益。

税务筹划的实施需要进行有效的管理和监控。企业在实施税务筹划方案后，需要建立有效的管理机制，对相关税务事务进行跟踪和监控。这包括对税务筹划方案的执行情况进行定期的检查和评估,及时发现问题并采取相应的纠正措施。企业还需要加强内部控制,规范税务申报和缴纳流程,确保税务筹划的合法合规性。

企业还需要建立完善的税务筹划管理制度,明确责任与权限。这对于确保税务筹划的有效实施和有效性至关重要。通过建立明确的责任分工和权限制约,可以避免税务筹划方案实施中出现混乱和错误,保障税务筹划的合法合规性。

房屋建筑装修会计实务中的税务筹划实施与管理需要企业制定具体的方案,进行有效的管理和监控,并建立完善的税务筹划管理制度,以确保税务筹划的合法合规性和有效性。这将有助于企业降低成本,提高效益,最大化税收优惠和减免,从而实现可持续发展和长期价值的创造。

## 二、税务风险管理的重要性与方法

在房屋建筑装修行业,税务风险管理显得格外重要。税务风险管理是指企业为了降低税务风险而采取的各种措施和方法,这涵盖了很多方面。企业需要考虑税收政策的变化对企业税务成本的影响,需要关注税务主管部门的稽查和审计对企业税务合规的影响等。只有通过有效的税务风险管理,企业才能降低税务风险,保护企业的合法权益。

房屋建筑装修行业在税务风险管理中面临着诸多挑战。例如,房屋建筑装修业务通常涉及较为复杂的税收政策和计税方法,容易导致企业在税务管理上出现问题。装修项目的周期长、资金量大,涉及的税务问题也相对复杂,企业需要更加重视税务风险管理,以应对潜在的税收风险。

针对房屋建筑装修行业的特点,税务风险管理的方法也需要更加具体和细致。企业需要建立健全的税务管理制度和流程,包括建立明确的税务管理部门、明确纳税义务和纳税申报流程等。企业需要加强对税法法规和政策的学习和了解,保持及时更新和调整企业的税务管理方法。企业还可以通过合理的税务筹划和税务合规咨询等手段,降低税务风险,提高税务管理的效率和准确性。

房屋建筑装修行业的税务风险管理尤为重要,需要企业建立健全的税务管理制度和流程,加强对税法法规和政策的学习和了解,以及通过合理的税务筹划和税务合规咨询等手段,降低税务风险,保护企业的合法权益。只有如此,企业才能在激烈的市场竞争中立于不败之地。

## 1. 税务风险管理的意义和目标

税务风险管理的意义和目标在房屋建筑装修会计实务中至关重要。税务风险管理有助于保护企业的合法权益，确保企业在税务方面的权益不受损害。在房屋建筑装修领域，企业往往需要处理复杂的税务事务，比如增值税、土地增值税等，如果没有有效的税务风险管理，企业容易陷入税收纠纷，导致经济损失。通过税务风险管理，企业可以保护自身的合法权益，确保税收合规性。

税务风险管理可以帮助企业降低税务风险，避免因税收问题导致的各种风险和损失。在房屋建筑装修行业，企业可能会有多个项目同时进行，涉及税收的复杂性较高，容易出现税务风险。通过建立健全的税务风险管理机制，企业可以及时发现并解决潜在的税务风险，有效降低税务纠纷的发生概率，保障企业的稳定经营。

税务风险管理还可以提高企业的税务合规性和竞争力。在房屋建筑装修行业，税收政策和法规经常变化，企业需要不断跟进并遵循相关规定，保证税务合规性。通过建立健全的税务风险管理，企业可以及时了解税收政策的变化，调整相应的策略和措施，确保企业税收合规，避免因税收问题而影响企业的形象和发展。具备良好的税务合规性也能提升企业在市场竞争中的地位，树立良好的企业形象，提升企业的可持续发展能力。

在房屋建筑装修会计实务中，税务风险管理的意义和目标是多方面的。它不仅可以保护企业的合法权益，降低税务风险，还可以提高企业的税务合规性和竞争力，对企业的发展起着至关重要的作用。增强税务风险管理意识，建立健全的税务风险管理机制，对于企业来说十分必要，有助于企业稳健经营，实现可持续发展。

## 2. 税务风险管理的方法和工具

房屋建筑装修会计实务对于税务风险管理有着重要的作用。在房屋建筑装修行业，税务风险管理是非常重要的，可以帮助企业避免税务纠纷，降低税务成本，提高经营效率。税务风险管理的方法包括风险评估、风险规避、风险转移和风险控制等。通过对税务风险进行评估，企业可以了解自身税务风险的具体情况，明确风险的性质和程度，为后续的风险管理工作提供依据。通过风险规避，企业可以通过合理的税务筹划和合规经营，避免发生不必要的税务风险，降低税务成本。税务风险转移是指企业通过购买税务风险保险等方式，将部分税务风险转移给保险公司或其他金融机构，降低税务风险对企业的影响。税务风险控制是指企业通过建立健全的内部控制制度和风险管理制度，加强对税务风险的监控和控制，及时发现和应对潜在的税务风险，最大限度地降低税务风险对企业的损失。常用的税务风险管理工具包括税务合规性审查、税务风险预警和税务风险管理信息系统等。税务合规性审查是指企业通过委托专业的税务机构对企业的税务合规性进行审查，以确保企业的税务处理符合法律法规的要求，降低税务风险。税务风险预警是指企业通过建立预警指标和预警机制，及时发现和预警潜在的税务风险，采取相应的措施加以化解，降低税务风险造成的损失。税务风险管理信息系统是指企业通过建立信息化的税务风险管理系统，对税务风险进行监控、分析和管理，提高税务风险管理的科学化和精细化水平，有助于企业及时掌握税务风险的动态变化，加强对税务风险的有效管理。税务风险管理不仅是企业稳健经营的需要，也是企业社会责任落实的重要内容，只有做好税务风险管理工作，企业才能在激烈的市场竞争中立于不败之地，实现可持续发展。

### 3. 税务风险管理的实施与监控

在进行税务风险管理实施时，企业需要制定具体的措施和方案来应对各种可能发生的税务风险。企业应建立起完善的税务风险管理制度，其中包括明确责任与权限，以便有效地实施税务风险管理工作。企业需要建立起相关的监控和评估机制，以便能够及时发现和识别税务风险，从而能够更有效地采取相应的措施进行应对和管理。

在实施税务风险管理过程中，企业需要进行定期的监控和评估。这不仅包括内部的监控和评估，还包括外部的监管机构的监控和评估。企业需要对各种税务风险进行全面的评估，包括税收政策变化、税务合规风险、税务谈判和争议风险等方面的风险。企业还需要建立起相应的监控机制，以便能够有效地监控税务风险的动态变化，并采取相应的措施及时进行调整和应对。

为了更好地实施税务风险管理工作，企业还需要建立起相关的信息系统和报告机制。信息系统需要包括税务风险数据的收集、整理和分析，以便更好地了解税务风险的情况和动态变化。企业还需要建立起完善的报告机制，及时向相关部门和管理层进行汇报和通报，以便更好地进行决策和调控。

税务风险管理的实施需要企业建立完善的管理制度、监控机制和信息系统，以及建立起相关的报告机制。只有这样，企业才能更好地发现和识别税务风险，并及时进行应对和管理，从而保障企业的税务合规和税务稳定。

### 三、税务合规的要求与措施

在房屋建筑装修行业,税务合规的要求和措施显得格外重要。税务合规是指企业必须遵守税收法律法规和政策规定,如实申报和缴纳税款。在房屋建筑装修行业,企业需要特别重视税务合规,以降低税务风险,保护企业的合法权益。我们将详细介绍税务合规的要求和措施,帮助企业更好地理解并遵守税务法规。

税务合规的要求包括企业需要如实申报所得税、增值税、土地增值税等各项税种,不能违法逃税;需要合规使用各项税收优惠政策,如减免税、抵扣税等;需要依法开具发票,保证发票真实有效。在房屋建筑装修行业,企业需要准确核算和申报材料采购、劳务费用、租赁费用等成本费用,合理计提预提费用和坏账准备,严格执行税收法规,做到诚信纳税。企业还要加强内部管理,规范会计核算,保留完整的税务会计凭证、台账等凭证资料,以备税务机关稽查。

税务合规的措施主要包括建立健全税务内部控制体系,确保税务申报的真实性和合规性;加强税务风险管理,及时了解政策法规的变化,预防和化解税务风险;加强纳税信用建设,提升纳税信用等级,享受更多税收优惠政策。在房屋建筑装修行业,企业可以通过建立专门的税务部门或聘请专业的税务顾问团队,加强对税务政策的解读和落实,确保税务申报的及时性和准确性;加强内部培训,提高员工对税务法规的认识和遵守意识,确保全员参与税务合规工作。

可以看出,税务合规对房屋建筑装修企业而言具有重要意义,不仅可以降低税务风险,保护企业的合法权益,还有利于企业稳健发展。房屋建筑装修企业务必重视税务合规的要求和措施,全面加强税务合规管理,确保企业健康发展,为行业发展注入新的活力。

#### 1. 税务合规的要求和原则

房屋建筑装修会计实务是一个复杂而又关键的领域,其中税务合规更是至关重要。在进行财务管理和报税时,保持税务合规是任何企业都需要严格遵守的要求。税务合规的要求包括准确地申报和缴纳税款,这意味着企业需要确保填写税表的每一项都是准确无误的。也要保证在规定的时间内完成税款的缴纳,否则就可能面临滞纳金或其他处罚。税务合规还要求企业合法合规地享受税收优惠政策，同时配合税务主管部门的稽查和审计。这些要求看似琐碎，却是确保税务合规的关键步骤，对企业而言至关重要。

在保证税务合规的过程中，企业需要遵循合法合规的原则。这意味着在进行纳税申报时，企业必须全面、及时并且完整地向税务部门申报企业的相关财务信息。这不仅需要财务人员具备一定的专业知识和技能，更需要建立健全的内部财务管理体系来保证财务信息的真实性和完整性。合法合规原则还要求企业在享受税收优惠政策时做到合法合规，严禁采取违法逃税的手段。企业还需要积极配合税务主管部门的稽查和审计工作，如实提供相关资料和配合税务人员的工作。只有遵循这些原则，企业才能确保自身税务事务的合法性和合规性。

在实际操作中，保持税务合规并非易事。要想达到税务合规的要求，企业需要建立完善的财务管理制度和规范的财务流程。对于房屋建筑装修行业而言，更是需要特别关注税务合规的细节。例如，在涉及增值税和土地增值税方面，企业需要了解相关政策和法规，确保申报的准确性和合规性。在享受税收优惠政策时，企业也需要加强内部管理，规范操作流程，杜绝任何违法行为的发生。企业还需要积极配合税务部门进行内部审计和稽查，主动发现并纠正存在的问题。通过逐步完善内部管理机制和规范操作流程，企业才能够更好地满足税务合规的要求。

税务合规对于房屋建筑装修行业来说至关重要。企业需要严格遵守税务合规的要求和原则，确保税务事务的合法性和合规性。只有通过建立健全的财务管理体系，加强内部管理，规范操作流程，才能够有效地保持税务合规，为企业的可持续发展提供稳定的财务保障。

**2. 税务合规的措施及方法**

房屋建筑装修会计实务涉及税务合规的重要性。为了确保企业在税务方面的合规性，建立健全的税务合规管理制度是至关重要的。这包括明确税务合规的责任部门和责任人员，建立税务合规检查和审计制度，确保税务合规工作的全面覆盖和监督。还需要加强税务合规培训和教育，提高全员税务法律法规意识和税务合规风险防范能力。通过定期举办税务合规培训和教育活动，使全体员工都能够深入了解税务合规要求，从而减少税收风险和纳税错误的发生。

建立完善的税务合规内部控制体系也是确保税务合规的重要手段。企业应当通过明确内部控制目标和控制要求，建立完善的税务合规内部控制制度，包括税务数据的准确性、完整性和及时性的保障，税务处理流程的规范性和合规性的监督，税务风险的评估和防范等方面。这样一来，就能够有效地保障企业在税务方面的合规性，降低税收风险，避免税收违法行为的发生。

需要企业制定具体的措施及方法，确保税务合规的有效实施和监控。只有做到以上所述的方方面面，才能够有效降低税务合规风险，保障企业税收合规，为企业的可持续发展提供有力的保障。建立健全的税务合规管理制度、加强税务合规培训和教育、建立完善的税务合规内部控制体系都是企业在税务方面非常重要的举措。

### 3. 税务合规的监督与评估

在房屋建筑装修领域，税务合规的监督与评估起着至关重要的作用。税务合规性是指企业在纳税过程中遵循相关法律法规，按时足额缴纳税款，不逃避税收，不偷漏税款。税务主管部门会定期对房屋建筑装修企业的税务合规情况进行监督和评估，以确保企业遵守税收法律法规，提高税收诚信度，维护国家税收秩序。

企业应当重视税务合规的监督与评估工作，积极配合税务主管部门的监督检查，主动接受税务合规性的评估。在接受监督和检查过程中，企业需要如实提供相关财务会计报表和税务申报资料，配合税务部门核查。企业还应当及时整改存在的税收风险和问题，确保自身的税收合规性。通过积极配合监督与评估工作，企业能够及早发现问题，及时整改，提高税务合规性水平，避免因税收风险带来的损失和影响。

税务合规性的监督与评估工作需要进行全面系统的审查和评估，包括企业的税务登记情况、税收申报与缴纳情况、涉税业务的账务处理情况等。税务主管部门会对企业的税务合规性进行量化评价，分析企业的税收风险状况，提出改进建议和优化建议，指导企业完善自身的税务管理制度和内部控制，提高税务合规性水平，降低税收风险。

在税务合规性的监督与评估中，税务主管部门还会重点关注企业的税收诚信情况，对企业的纳税信用进行评价。具有良好纳税信用的企业能够获得税收优惠政策和便利，提高在税收管理中的话语权和地位。纳税信用良好的企业还能够在市场竞争中占据有利地位，获得更多的合作机会和客户信赖，提升企业的品牌形象和竞争力。

税务合规的监督与评估对于房屋建筑装修企业来说具有重要意义，企业应当重视税务合规性，主动接受税务主管部门的监督与评估工作，及时整改问题，提高税务合规性水平，维护良好的纳税信用，促进企业的健康发展。通过规范的税务管理和合规性建设，企业能够避免税收风险、降低税收成本，实现可持续发展和稳健增长。

# 第 6 章

# 成本会计与绩效评估

　　本章介绍建筑行业成本会计与绩效评估的关键要素和方法。讲解成本分析与管理的重要性，包括成本分类和成本控制的原则以及成本分析和成本控制的关键环节。介绍绩效评估与指标的方法和工具，包括财务指标和非财务指标的选择和计算以及绩效评估的流程和结果分析。介绍成本控制的方法与工具，包括成本可控性的分析和成本控制的技术手段，提高成本控制和绩效评估的效果。通过本章的学习，读者将掌握建筑行业成本会计与绩效评估的基本原理和实践技巧，提高成本管理和经营决策的水平。

# 成本分析与管理

成本分析和管理是建筑企业管理的重要组成部分。成本分析需要考虑多个因素,包括人工成本、材料成本、设备成本、管理成本、风险成本等。成本管理需要采用科学的方法和工具,包括成本控制表、成本指标、成本分析等。

## 一、成本分析的重要性及目的

在房屋建筑装修行业,成本分析是至关重要的。通过对成本的分析,企业可以更好地了解自身的经营状况,为未来的经营决策提供有效的依据。成本分析的目的包括帮助企业了解成本的构成,掌握成本核算的方法,并为管理层提供决策支持。这不仅对企业的经营管理有着重要的意义,也对行业的发展具有积极的推动作用。

成本分析可以帮助企业了解成本的构成。在房屋建筑装修行业,成本的构成非常复杂,包括原材料成本、人工成本、设备成本等多个方面。通过成本分析,企业可以清晰地了解每个方面的具体开支,从而找出成本构成中的痛点和隐患,有针对性地进行降本增效的工作。

成本分析可以帮助企业掌握成本核算的方法。在建筑行业中,成本的核算方法多种多样,如作业成本法、直接成本法、间接成本法等。企业需要根据自身的经营特点和实际情况选择合适的成本核算方法,而这需要对各种成本核算方法进行全面的了解和分析。

成本分析可以为管理决策提供依据。在房屋建筑装修行业,各类决策都离不开对成本的考量,比如定价决策、投资决策、生产决策等。成本分析可以为这些决策提供准确的数据支持,帮助管理层做出科学的决策,降低经营风险,提升企业的竞争力。

成本分析在房屋建筑装修行业中具有非常重要的意义。它不仅可以帮助企业了解成本构成、掌握成本核算方法,还可以为管理决策提供可靠的依据。只有不断加强成本分析,不断完善成本管理,企业才能在激烈的市场竞争中立于不败之地。

### 1. 成本分析的意义与作用

成本分析在房屋建筑装修行业中具有重要的意义与作用。通过成本分析，企业可以全面了解各个环节的成本构成，及时发现成本异常，避免不必要的浪费。成本分析有助于优化资源配置，让企业合理调配人力、物力和财力，提高资源利用率，降低成本支出。成本分析还能帮助企业找出生产经营中的不合理成本，从而提高运营效益，增加盈利空间。最重要的是，通过深入的成本分析，企业能够为未来的发展制定更加科学合理的战略规划，提供长期的发展支持。

在房屋建筑装修行业中，成本分析的意义与作用更加凸显。例如，在选材环节，成本分析可以帮助企业了解不同材料的成本差异，选择合适的材料，既能满足装修需求，又能控制成本。在施工过程中，通过成本分析，企业可以了解各种施工方式的成本分布情况，选择合适的施工方式，提高施工效率，降低成本支出。成本分析还能帮助企业发现装修过程中存在的资源浪费和效率低下的问题，及时进行成本调整，提高全局运营效益。在装修后期，通过成本分析，企业可以了解装修后的维护成本，为未来的维护和管理提供参考依据，更好地服务客户，保持企业竞争力。

成本分析对于房屋建筑装修企业来说，既是一种管理工具，也是一种经营智慧。它有助于企业发现问题、优化资源配置、提高效益，为长远发展提供有力支持。房屋建筑装修企业应当重视成本分析，将其作为企业管理的一项重要工作，从而实现企业可持续发展的目标。

### 2. 成本分析的基本原则

在进行房屋建筑装修会计实务方面的成本分析时，我们需要遵循一些基本原则，以确保所得到的成本数据具有准确性、可比性和可操作性。只有这样，我们才能够在决策制定和财务报告中使用这些数据，从而进行更有效的管理和监控。

准确性是成本分析的基本原则之一。这意味着我们在收集、记录和处理成本数据时，必须确保其准确无误。在不同阶段的建筑装修过程中，涉及各种成本，包括材料成本、人工成本、设备成本等。我们需要对每一项成本进行准确记录和核算，以便后续的分析和决策有可靠的数据基础。

可比性也是成本分析的重要原则。在不同时间段或不同项目之间进行成本比较时，我们需要确保所用的成本数据是可比的。这就要求我们在数据收集和处理过程中，采用统一的标准和方法，以确保不同项目或时间段的成本数据具有可比性，从而可以进行有效的对比分析。

可操作性是成本分析原则中需重视的一点。成本数据需要能够为管理决策提供有用的信息，因此在进行成本分析时，我们需要确保数据的可操作性。这就要求我们在成本分析的过程中，保持数据的清晰和透明，使管理人员能够根据这些数据来制定合理的决策和方案。

成本分析在房屋建筑装修会计实务中具有重要的作用，而遵循准确性、可比性、可操作性的基本原则，则可以确保所得到的成本数据具有准确性和可靠性，为管理决策提供有力支持。在进行成本分析时，我们务必要牢记这些原则，以提高成本数据的质量和可用性。

### 3. 成本分析的方法与工具

房屋建筑装修会计实务是一个复杂而又重要的领域。在这个领域中，成本分析是一个至关重要的工具，能够帮助企业精确掌握装修项目的成本情况，从而更好地进行成本控制和管理。而要进行有效的成本分析，就需要了解和掌握各种成本分析的方法与工具。

成本分析可以采用直接成本法。直接成本法是将直接与装修项目相关的成本进行核算和分析，包括直接材料成本、直接人工成本等。通过直接成本法的应用，装修企业可以清晰地了解到每个项目的直接成本支出情况，从而及时调整成本预算，确保项目的经济高效性。

成本分析也可以采用间接成本法。间接成本法是将装修项目中的间接成本进行核算和分析，包括间接材料成本、间接人工成本等。通过间接成本法的应用，装修企业可以更全面地了解到项目的总体成本支出情况，有针对性地进行成本分配和控制，确保整体项目成本的可控性和合理性。

还可以采用标准成本法进行成本分析。标准成本法是通过对装修项目的各项成本进行标准化核算和比对，从而找出成本偏差和成本潜在改进空间。通过标准成本法的应用，装修企业可以更好地进行成本预测和成本控制，提高成本管理的科学性和准确性。

而要进行成本分析，除了掌握各种成本分析的方法外，还需要借助成本控制系统和成本管理软件等工具进行实施。成本控制系统可以帮助装修企业建立起严密的成本管理体系，确保每一项成本得到及时的掌控和监督。而成本管理软件则可以帮助装修企业实现对成本数据的自动化管理和分析，提高成本分析的效率和准确性。

成本分析是房屋建筑装修会计实务中的重要环节，通过采用不同的成本分析方法和工具，可以更好地把握装修项目的成本情况，从而实现对成本的有效控制和管理。希望通过本部分内容的介绍，读者能够更全面地了解到成本分析的方法与工具，从而为实际工作提供更有力的支持和指导。

## 二、成本管理的基本流程

成本管理是企业对成本进行有效控制和管理的重要过程，是确保企业经营活动顺利进行的关键环节。在房屋建筑装修行业，成本管理尤为重要，因为这涉及大量资金的投入和运营管理。建立健全的成本管理体系对于企业的长期发展至关重要。

成本管理的基本流程包括成本计划、成本核算、成本控制和成本分析等环节。在进行成本计划时，企业需要根据工程的特点和规模制定详细的成本预算，包括人工成本、材料成本、设备成本等各项费用的预估及分配。成本核算是指对实际发生的成本进行核对和记录，确保成本的真实、准确。成本控制则是要求企业在实际经营过程中，对成本进行严格管控，避免成本的浪费和过度支出。通过成本分析，企业可以深入了解各项成本的构成和变动情况，为企业经营决策提供依据。

在房屋建筑装修行业中，成本管理的流程更加复杂和重要。因为装修项目的特点是周期短、投入大、风险高，所以在成本管理过程中更需要精准地预测和有效的控制。在实践中，企业需要充分了解装修项目的特点和规律，对不同阶段的成本进行细致的分析和管理。对于材料成本、人工成本以及装修周期的控制都需要更加注重细节和精准度，以确保成本的有效控制和项目的顺利完成。

房屋建筑装修行业中的成本管理是一项重要而复杂的工作，需要企业充分认识到其重要性，并建立健全的成本管理体系，妥善进行成本计划、成本核算、成本控制和成本分析等环节，以确保企业经营活动的正常开展和长期发展。

### 1. 成本计划的内容与要求

在房屋建筑装修领域的会计实务中，成本计划是至关重要的一环。成本计划的内容和要求涉及明确成本目标、成本预算、成本控制指标以及相应的计划措施和实施方案。下面将逐一展开对这些要求的详细描述，以便更好地理解和应用于实际工作中。

成本计划要明确成本目标。这意味着在进行房屋建筑装修时，需要明确定义好要达到的成本目标，包括整体装修成本、材料成本、人工成本等。这些目标需要在项目初期就进行明确规划，并在后续的工作中进行严格执行和控制。只有明确了成本目标，才能够有针对性地制定合理的成本预算，并进行后续的成本控制和分析。

成本计划需要包括成本预算。在进行房屋建筑装修时，需要对各项成本进行合理的预算规划，确保不会出现因为成本超支而影响整个装修项目的顺利进行。成本预算需要综合考虑材料价格、人工费用、设备租赁费用等各个方面的成本，并根据实际情况进行合理的安排和分配。只有合理的成本预算，才能够在后续的工作中进行有效的成本控制和管理。

成本计划还需要制定相应的成本控制指标。这些指标包括成本效益分析、成本偏差分析等，用于全面评估装修项目的成本控制情况。通过对各项指标的分析，可以及时发现成本控制中的问题，并采取相应的措施加以解决，确保整个装修项目的成本控制在合理的范围内。

成本计划需要制定相应的计划措施和实施方案。这些措施和方案需要具体到各个细节，包括材料的采购方式、人工的安排计划、设备的使用方案等。只有有针对性地制定了这些措施和方案，才能够更好地执行成本计划，并确保在项目进行过程中不会出现不必要的成本浪费和超支现象。

成本计划的内容和要求是非常全面和复杂的，需要在实际工作中认真对待和执行。只有严格按照成本计划的要求进行规划和执行，才能够有效地控制装修项目的成本，并最终实现经济效益和社会效益的双丰收。

### 2. 成本核算的方法与流程

在进行房屋建筑装修的成本核算时，首先要以直接成本和间接成本为基础。直接成本是指可以直接与特定产品或工程项目相关联的费用，如原材料费、直接人工费等；间接成本则是无法直接与特定产品或项目相关联的费用，如水电费、管理人员费用等。这些成本要以合理的方式进行分配和核算，以确保成本数据的准确性和可比性。

采用作业成本法和过程成本法进行核算是非常重要的。作业成本法是指将各个作业项目的成本单独核算，以便更好地控制和计划成本。而过程成本法则是将产品的生产过程划分为若干生产部门或过程，并按照生产过程的不同阶段进行成本的核算。这样可以更清晰地了解每个阶段的成本情况,从而有效地进行成本控制和费用分析。

在进行成本核算的过程中,还需要注意确保成本数据的准确性。这包括确保所有的费用都被记录和分配到相应的部门和项目上,避免漏报和错报。还要确保成本数据的可比性,即不同时间段和不同项目的成本数据应当具有可比性,以便更好地进行成本控制和决策分析。

通过以上方法和流程,房屋建筑装修的成本核算将更加完善和准确,为企业的经营决策提供更可靠的依据。

### 3. 成本控制的优势

成本控制在房屋建筑装修会计实务中具有重要的优势。成本控制能够通过优化资源配置,使得在建筑装修过程中所需的材料、人力等资源得到更合理的利用。比如,在选择装修材料时,可以通过成本控制策略,选用性价比更高的材料,从而在不影响装修效果的前提下降低成本。通过合理安排施工进度和人员分工,也可以有效提高效率,节约人力成本,进一步降低整体建筑装修的成本。

成本控制还能够降低建筑装修过程中可能出现的各种浪费,进一步实现降低成本的目标。比如,在材料采购阶段,可以通过与供应商的合作谈判、集中采购等控制措施,避免因为采购不当而造成材料的浪费。在施工阶段,通过严格管理施工进度、妥善安排施工现场,也可以避免因为施工过程中的不规范操作而导致资源浪费。这些成本控制手段不仅可以降低建筑装修的整体成本,也有助于提升企业的竞争力和盈利能力。

成本控制在房屋建筑装修会计实务中还能够通过制定相应的成本控制策略和控制措施来保证项目的质量和进度。比如,在制定装修预算时,可以根据项目的特点和需求,合理分配成本,并制定相应的控制策略,确保在装修过程中的质量得到保障。通过设定严格的成本控制指标和监控机制,可以及时发现成本超支的问题,采取相应的措施加以控制,保证整个装修项目按计划进行,最大限度地减少延误和风险,实现预期的效益和经济效果。

成本控制在房屋建筑装修会计实务中具有诸多优势。通过优化资源配置、提高效率、降低成本等手段完善,同时制定相应的成本控制策略和控制措施,能够实现降低整体成本、避免浪费、保证质量和进度等多重目标,有助于提升企业的竞争力和盈利能力,对于企业的可持续发展具有重要意义。

# 绩效评估与指标

建筑企业的绩效评估与指标包括多个方面，包括财务指标、生产指标、质量指标等。建筑企业需要建立科学的绩效评估体系与指标体系，帮助企业管理者进行决策和控制成本。

## 一、绩效评估的意义与目的

绩效评估是企业管理中至关重要的一环。它不仅可以客观评价企业的整体绩效，还可以通过量化指标分析，深入剖析企业目标的实现情况。绩效评估的意义在于帮助企业了解自身的绩效状况，及时发现问题并提出改进措施，有针对性地优化管理，推动企业持续发展。绩效评估的目的是通过科学地分析和评价，为企业提供发展方向和改进建议，确保企业在激烈的市场竞争中保持竞争优势。

绩效评估的意义和目的在于全面、系统地了解企业的绩效状况。绩效评估可以帮助企业发现自身存在的问题和不足，包括经营管理、市场营销、资金运作等各个方面的问题。绩效评估还可以发现企业的优势和潜力，有助于企业制定长期规划和发展战略。绩效评估所得到的数据和结果可以为企业的管理决策提供科学依据，帮助企业有效应对市场变化和风险挑战。绩效评估的意义和目的不仅在于发现问题，更在于为企业提供发展方向和改进建议，确保企业在激烈的市场竞争中保持竞争优势。

绩效评估需要以客观的数据和量化的指标为基础，通过分析得出准确的结果。绩效评估的过程中，需要采用科学合理的方法，收集、整理和分析大量的数据，以客观准确的结果为依据，为企业的决策提供支持。绩效评估也需要考虑企业内外部环境的影响因素，将企业的绩效与市场需求、行业标准和竞争对手进行比较和分析，从而得出更加准确和有价值的评价结论。绩效评估的意义和目的在于通过科学的分析和评价，为企业提供发展方向和改进建议，确保企业在激烈的市场竞争中保持竞争优势。

### 1. 绩效评估的重要性与作用

在房屋建筑装修行业，绩效评估扮演着至关重要的角色。通过绩效评估，企业可以更好地了解自身的运营情况，识别出业务中的绩效差距，并从中找到优化资源配置的方向。绩效评估还能够帮助企业提高整体运营效率，为长远发展提供支持。在本部分中，我们将深入探讨绩效评估在房屋建筑装修会计实务中的重要性与作用。

通过绩效评估，企业可以全面地了解自身各项业务运营指标的表现情况，从而识别出绩效差距所在。在房屋建筑装修领域，这包括了工程进度、成本控制、质量标准等方面。通过对这些指标的绩效评估，企业可以清晰地了解到哪些环节存在绩效瓶颈，进而有针对性地进行改进和提升，从而实现整体业务绩效的提升。

绩效评估也可以帮助企业更好地优化资源配置。通过对不同项目、不同团队、不同成本的评估，企业可以更科学合理地配置各项资源，提高资源利用效率。在房屋建筑装修领域，这意味着能更好地分配人力、物力和财力，使其在不同项目和环节中发挥最大的作用，从而降低成本，提高效率。

绩效评估还可以帮助企业提高整体运营效率。通过对业务流程的评估，企业可以找到优化空间，并采取相应的措施进行改进。在房屋建筑装修行业，这包括改善施工流程、优化材料采购流程、提高团队协作效率等方面。通过不断地绩效评估和改进，企业可以实现运营效率的持续提高。

绩效评估在房屋建筑装修会计实务中扮演着重要的角色。它帮助企业识别绩效差距，优化资源配置，提高整体运营效率，为企业的长远发展提供支持。在房屋建筑装修行业，企业需要重视绩效评估，并将其作为提升竞争力、实现可持续发展的重要工具。

#### 2. 绩效评估的基本原则

在房屋建筑装修会计实务中，绩效评估是一个至关重要的环节。绩效评估的基本原则包括客观性、公正性和可操作性。客观性意味着评估过程应该建立在客观的标准和数据基础上，而不是主观臆断。在房屋建筑装修领域，客观性的评估可以通过量化指标来实现，比如项目完成进度、质量合格率、安全事故率等。这些数据可以直观地反映出工程的实际情况，避免了个人偏见对评估结果的影响。

公正性是绩效评估的另一个重要原则。在房屋建筑装修领域，公正性体现在对所有参与方公平对待，不偏袒任何一方。评估过程和标准应该透明公开，避免利益冲突和人为干预。为了确保公正性，评估者应当具有独立性和专业性，能够客观公正地对项目进行评估，保证评估结果的真实性和客观性。

可操作性是绩效评估的重要原则之一。在房屋建筑装修会计实务中，可操作性意味着评估过程应该简单清晰，能够被有效地操作和实施。评估指标应当具有操作性，能够被准确地测量和记录。评估过程应当能够为实际工作提供指导和帮助，而不是单纯地追求数据的堆积。只有具备了良好的可操作性，评估结果才能成为决策的有效依据，真正为项目的改进和提升提供支持。

绩效评估的基本原则在房屋建筑装修会计实务中至关重要。遵循客观性、公正性和可操作性的原则，可以确保评估结果的准确性和可靠性，为项目的管理和决策提供有力支持。在实际操作中，我们应当充分重视绩效评估的原则，不断优化评估体系和方法，促进房屋建筑装修行业的健康发展。

### 3. 绩效评估的方法与工具

房屋建筑装修会计实务对于绩效评估有着重要的意义。在进行绩效评估时，可以采用多种方法和工具来确保评估的准确性和全面性。

我们可以采用财务指标来进行绩效评估。这些指标可以包括成本控制、利润率、资产回报率等，通过对这些指标的分析，可以全面了解到房屋建筑装修的经营状况和财务健康状态。例如，成本控制可以反映企业在装修过程中的成本管理能力，而利润率可以衡量企业的盈利能力，资产回报率则可以评估企业资产的利用效率。通过对这些财务指标的评估，可以为企业的经营决策提供有力的数据支持。

除了财务指标，还可以采用非财务指标进行绩效评估。例如，可以从客户满意度、员工满意度、品牌知名度等方面进行评估。这些非财务指标可以更加全面地反映企业在市场竞争中的表现和声誉，对于企业的长期发展具有重要意义。通过对这些非财务指标的评估，可以了解企业在市场中的竞争优势与短板，为企业的战略调整提供参考依据。

绩效评估还可以采用综合评价指标的方法。这些指标可以将财务指标和非财务指标进行综合考量，更加全面地评估企业的绩效。通过对综合评价指标的分析，可以全面了解企业在各个方面的表现，为企业的整体发展提供指导性意见。

为了更好地实施绩效评估，我们可以借助绩效管理系统和绩效评估软件等工具。这些工具可以帮助企业更加科学地收集和分析数据，提高评估的准确性和效率。通过建立绩效管理系统，可以使绩效评估工作更加系统化和规范化；而绩效评估软件则可以帮助企业更加便捷地进行数据分析和报告生成，为企业的管理决策提供及时的支持。

房屋建筑装修会计实务中的绩效评估方法与工具多种多样，企业可以根据自身的特点和需求选择合适的方法和工具进行绩效评估，以实现企业长期稳健发展的目标。

## 二、绩效评估的指标体系

在房屋建筑装修会计实务中，绩效评估的指标体系是至关重要的。这个指标体系对于企业的经营状况有着直接的影响，同时也是衡量企业绩效的基础。在这个指标体系中，财务指标、经营指标和风险指标等多个方面都是需要被考虑进去的。

财务指标是绩效评估中最为重要的一部分。在房屋建筑装修的实务中，企业需要根据财务指标来评估企业的盈利能力、资金运作状况以及财务风险等。这些财务指标包括利润率、资产负债比、现金流量等，通过这些指标的量化评估，可以更加清晰地了解企业的财务状况，为进一步的经营决策提供重要参考。

在绩效评估的指标体系中，经营指标也是必不可少的一部分。在房屋建筑装修的实务中，经营指标涵盖了企业的生产效率、成本控制、市场销售等方面。通过对经营指标的评估，企业可以及时发现经营中的问题，并且采取相应的措施进行改进，从而提高企业的运营效率和市场竞争力。

风险指标也是绩效评估中必须考虑的一部分。在房屋建筑装修的实务中，企业面临着各种各样的风险，包括市场风险、政策风险、安全风险等。通过建立风险评估的指标体系，企业可以更加全面地了解自身所面临的风险情况，从而有针对性地制定风险防范措施，保障企业的稳健发展。

绩效评估的指标体系对于房屋建筑装修企业的经营管理至关重要。通过对财务指标、经营指标和风险指标的全面评估，可以帮助企业更好地把握企业的经营状况，制定更加科学合理的经营策略，实现可持续发展。

### 1. 财务指标的选择与分析

在进行房屋建筑装修会计实务的财务指标选择与分析时，首先需要确定适合企业的财务指标。这些指标可能包括利润率、资产回报率、现金流量等。利润率可以通过比较企业的利润与其总收入来衡量企业的盈利能力。资产回报率则可以帮助评估企业的资产管理效率，而现金流量则可以反映企业现金流的情况。

在选择了合适的财务指标之后，接下来需要深入分析这些指标的变化。比如，利润率的变化可能是由于销售额的变动，成本的控制等原因所致。资产回报率的变化则可能受到资产结构的调整，投资收益等因素的影响。而现金流量的变化可能由应收账款管理，购买固定资产等原因引起。

通过对这些财务指标变化的分析，可以更清晰地评估企业的财务状况和盈利能力。这样的分析不仅有助于发现企业经营中的问题和风险，也能为企业提供进一步发展和改进的方向。选择适合企业的财务指标并进行深入分析，对于房屋建筑装修行业的会计实务来说，是非常重要的。

### 2. 经营指标的评价与分析

在进行房屋建筑装修会计实务的经营指标评价与分析时，首先需要选择适合企业的经营指标。这些指标可以包括市场份额、客户满意度、项目进度等，这些指标将有助于评估企业的经营状况和市场竞争力。比如，市场份额可以反映企业在行业市场中的地位和竞争实力，客户满意度则直接关系到企业的服务质量和口碑，项目进度则是反映企业在市场中的业务拓展和实施能力。通过对这些经营指标的变化进行评价，可以全面地了解企业的经营状况，为企业的发展提供重要参考依据。

在对市场份额进行评价时，可以从市场份额的变化趋势、竞争对手的市场份额以及行业市场的增长速度等方面进行分析。通过比较不同时间段内的市场份额数据，可以清晰地了解企业在市场中的地位和变化情况。还可以分析竞争对手的市场份额，了解行业内其他企业的竞争状态，从而制定相应应对策略。还可以结合行业市场的增长速度，评估企业在市场中的成长空间和潜力，为未来的市场发展制订计划。

而对于客户满意度的评价，则需要通过客户反馈调查、投诉处理情况以及客户忠诚度等多个维度来进行分析。通过客户反馈调查可以了解客户对企业产品和服务的满意程度，及时发现问题并改进。投诉处理情况则可以反映出企业的客户服务质量和应急处理能力。客户忠诚度也是评价客户满意度的重要指标，通过分析客户的回购率和推荐意愿可以判断客户对企业的忠诚度和满意度，这些数据将直接影响企业的市场口碑和行业地位。

在评价项目进度时，可以通过对工程进度、质量控制以及成本控制等方面展开分析。工程进度的延误将直接影响到项目的竣工时间和客户交付，而质量控制则关系到项目实施过程中的品质保障，成本控制则是保证项目执行效率和盈利能力的关键。通过对项目进度的评价，可以及时发现工程进度的问题并及时调整，保证工程的正常推进。对质量控制和成本控制的评价也是为了保证项目的执行效率和企业的盈利能力。

在房屋建筑装修会计实务的经营指标评价与分析中，选择适合企业的经营指标并不断进行评价和分析，可以帮助企业全面了解自身的经营状况和市场竞争力，并及时调整经营战略，提高企业的竞争力和市场地位。这些细致入微的分析与评价将为企业在行业竞争中取得优势提供重要的支持和保障。

### 3. 风险指标的测量与控制

房屋建筑装修会计实务是一个充满挑战和风险的领域。在这个行业中，每一项决策都可能对企业的盈利能力和稳定性产生重大影响。测量和控制风险成为至关重要的任务。选择适合企业的风险指标是一个关键的步骤，比如资金风险市场风险、政策风险等。通过对这些指标的变化进行测量，我们能够更准确地评估企业当前的风险状况，并且判断企业的风险控制能力是否足够。

资金风险是企业面临的重要风险之一。它可以通过企业的偿债能力、营运资金是否充裕，以及财务杠杆程度来进行衡量。在房屋建筑装修行业，资金需求通常是巨大的，如果资金链出现问题，将对企业的正常经营造成严重影响。及时测量资金风险指标的变化，能够帮助企业及时发现并解决资金压力，保障正常的施工和装修进度。

市场风险也是一个不可忽视的因素。市场的变化可能导致客户需求的波动、竞争态势的变化、材料和人工成本的变化等，都会对企业的盈利能力造成影响。在房屋建筑装修行业，市场风险的变化可能会直接影响企业的订单量和盈利水平。及时测量和评估市场风险指标的变化，对企业及时调整经营策略、开拓新的市场具有重要意义。

政策风险也是企业需要重点关注的一个方面。政策的变化可能对企业的装修标准、环保要求、施工许可等方面产生影响。在这个行业中，企业需要时刻关注相关政策的变化，并及时调整自身的经营方式，以适应新的政策要求。测量政策风险指标的变化，对企业避免因政策变化而带来的风险影响非常重要。

选择适合企业的风险指标，并通过测量这些指标的变化，能够更准确地评估企业的风险状况和风险控制能力。这将有助于企业及时发现风险，采取有效措施进行应对，最大限度地保障企业的稳定和发展。

# 成本控制的方法与工具

成本控制需要采用科学的方法和工具，包括成本控制表、成本指标、成本分析等。建筑企业需要根据实际情况选择合适的成本控制方法和工具，帮助企业管理者进行决策和控制成本。

## 一、成本控制的基本原则与策略

成本控制是每个企业都需要重视的重要环节。通过科学合理的管理，企业可以有效降低成本，提高效益，提高自身的竞争力。具体而言，成本控制包括控制原材料采购成本、生产成本、人工成本、间接费用等方面。在房屋建筑装修行业，成本控制显得尤为重要，因为这是一个高投入、高风险的行业。只有通过严格的成本控制，企业才能在激烈的市场竞争中立于不败之地。

对于原材料采购成本的控制，企业应该和供应商建立稳定的合作关系，争取获得更有竞争力的采购价格。还可以通过大宗采购等方式降低原材料的采购成本。在选择原材料时，要注重性价比，优先选择性价比高的材料，将材料的使用率最大化。

对于生产成本的控制，企业可以通过加强生产计划和生产组织管理，提高生产效率，降低生产成本。在施工过程中，可以采用先进的施工工艺和技术，精细化管理，减少浪费，提高施工效率，降低成本。

对于人工成本的控制，企业可以通过合理安排工作时间，提高员工的劳动生产率，对员工进行技能培训，提高员工的综合素质，从而降低人工成本。可以采取有效措施防止员工的违规操作、浪费行为，减少人工成本的浪费。

对于间接费用的控制，企业可以通过优化管理流程，提高管理效率，降低管理成本。可以采用新技术，如信息化管理系统，提高管理精度，减少管理成本。

成本控制是企业管理中的一项重要活动，尤其对于房屋建筑装修企业来说，成本控制的重要性更是不言而喻。只有通过成本控制，企业才能降低成本，提高效益，保持竞争力，才能在市场上立于不败之地。希望本部分内容的分享能给大家在房屋建筑装修会计实务中提供一些有益的启发。

## 1. 成本控制的基本原则

成本控制的基本原则是企业在进行房屋建筑装修会计实务管理时必须遵循的，它涉及合理性、有效性和可持续性等方面。合理性是指成本控制的过程需要合理有效地计划和安排，确保资源的充分利用和最低成本的达成。有效性是指成本控制方案必须取得实际的成本节约效果，确保成本控制的实效性。可持续性是指成本控制需要有长期的战略布局和长效的管控措施，确保成本控制的持续性和稳定性。

在进行房屋建筑装修会计实务成本控制的过程中，合理性的原则需要在方方面面得到体现。在装修项目的预算编制中，需要根据实际情况和需求制定合理的预算，确保各项成本预算能够充分满足项目的需求，同时又不会造成过度投入。在材料采购和施工安排中，需要合理规划供应商和施工队伍，以最优的成本获取最优的效果。在装修材料和设备的选择上，也要权衡价格和质量，确保在控制成本的前提下，能够获得优质的装修效果。

成本控制的有效性原则是确保房屋建筑装修会计实务管理的成本控制方案能够真正取得节约成本的实际效果。在实施成本控制的过程中，需要不断进行成本分析和比较，找出成本过高的环节，并采取相应的措施进行调整和优化，确保实际发生的成本始终在预期范围之内。需要对成本控制方案进行动态跟踪和评估，及时发现并解决存在的问题，确保成本控制方案的有效性持续发挥作用。

成本控制的可持续性原则是确保房屋建筑装修会计实务管理的成本控制能够在长期内持续有效地进行。在实施成本控制的过程中，需要根据市场行情和企业实际情况制定长期的成本控制策略和规划，合理平衡各项成本的分配和控制，确保成本控制的长期稳定性。需要建立健全的成本控制制度和管理体系，加强成本控制的监督和管理，定期开展成本控制的和评估工作，确保成本控制的可持续性和稳定性。

## 2. 成本控制的策略与手段

在房屋建筑装修的实际操作中，成本控制是非常重要的一环。要实现成本控制，首先需要优化资源配置。这包括合理规划材料、人力、时间等资源，避免资源浪费和低效使用。其次，还要注重提高效率，例如在施工过程中采用先进的施工工艺和设备，提高工作效率，减少人力和时间成本。通过优化资源配置和提高效率，可以有效降低房屋建筑装修的成本。

除了优化资源配置和提高效率外,降低成本也是重要的成本控制手段。在材料采购和施工过程中,可以通过多方比较和议价等方式来降低材料和人工成本,减少不必要的开支。还可以通过合理规划施工流程,避免重复工作和浪费,进一步降低成本。

针对成本控制的策略与手段,需要制定相应的控制措施。例如,可以建立严格的成本核算制度,对每一笔支出进行明细记录和分析,及时发现成本超支的问题并加以解决。还可以设立专门的成本控制部门或岗位,负责监督成本控制的执行情况,提出具体的改进意见和措施。

成本控制在房屋建筑装修中具有重要意义。通过优化资源配置、提高效率、降低成本等手段,并制定相应的成本控制策略和控制措施,可以有效地降低装修成本,提升企业的竞争力和盈利能力。建筑企业应重视成本控制工作,不断完善成本控制体系,为企业的可持续发展保驾护航。

### 3. 成本控制的风险与挑战

在房屋建筑装修会计实务中,成本控制是一个极具挑战性的过程。在这个过程中,企业经常面临着不确定性和风险,需要做好应对措施和风险管理。下面将详细探讨成本控制的风险与挑战,以及应对之道。

成本控制过程中的不确定性主要体现在原材料价格的波动和市场需求的不确定性上。原材料的价格波动会直接影响到房屋建筑装修的成本,而企业往往难以准确预测原材料价格的变化。市场需求的不确定性也使企业难以准确预测未来的销售情况,进而影响到成本控制的效果。企业在成本控制过程中需要充分考虑这些不确定性因素,采取相应的风险管理措施,以减少不确定性带来的影响。

成本控制过程中还存在着各种风险和挑战。技术风险是一个重要的挑战,房屋建筑装修过程中需要使用各种新的装修材料和技术,而这些新技术往往伴随着未知的风险。企业需要不断尝试新技术,并做好风险评估和控制,以保证成本控制的有效进行。市场风险也是一个不可忽视的挑战,市场竞争激烈、需求波动等因素都会对成本控制造成影响,企业需要做好市场调研和预测,以有效规避市场风险。

针对成本控制的风险与挑战,企业需要做好风险管理和应对措施。企业可以建立健全的成本控制体系和预算管理体系,对成本进行有效管理和控制。企业可以采用多元化的原材料采购渠道,以减少原材料价格波动带来的影响。

企业还可以加强与供应商的合作，共同应对不确定性。企业需要不断加强市场调研，关注市场动态，及时调整生产和供应计划，以应对市场风险。

在成本控制过程中存在着不确定性、风险和挑战，而企业需要做好风险管理和应对措施，以确保成本控制的有效进行。通过建立健全的成本控制体系、多元化的原材料采购渠道以及加强市场调研等方式，企业可以更好地规避风险，实现成本控制的目标。

## 二、成本控制的方法与工具

房屋建筑装修会计实务是一个复杂而又关键的领域，成本控制的方法和工具在其中起着至关重要的作用。对于企业而言，实施成本控制是非常关键的，而成本控制的方法和工具则成为帮助企业实现这一目标的重要手段。这些方法和工具包括了成本控制模型、成本控制软件以及成本控制手册等，它们的作用在于帮助企业对成本进行更为系统的管理和控制。以下将从这些方法和工具的角度来详细探讨其在房屋建筑装修会计实务中的应用。

首先来看成本控制模型，这是一个非常重要的工具。它可以帮助企业建立起一个完整的成本控制体系，通过对成本的分类、核算和分析，使企业对成本的情况有一个清晰的了解。在房屋建筑装修领域，成本控制模型可以根据不同的装修项目和阶段进行灵活地设计和应用，从而帮助企业更好地掌握成本情况，及时发现问题，并采取相应的措施加以解决。

其次是成本控制软件，这是一种高效便捷的工具。随着信息技术的飞速发展，各种成本控制软件不断涌现，它们可以帮助企业实现成本的实时监控和分析，将大大提高企业的成本控制效率。在房屋建筑装修领域，成本控制软件的应用可以为企业提供数据支持和决策参考，帮助企业更加科学地制定成本控制策略，从而实现更加精准的成本控制。

最后是成本控制手册，这是一种规范和指导。成本控制手册对企业的成本控制工作进行了系统化的梳理，它可以为企业提供详细的成本控制流程、方法和标准，从而为企业的成本控制工作提供了具体的操作指南。在房屋建筑装修领域，成本控制手册可以帮助企业建立起一套科学规范的成本控制制度，为企业成本控制工作提供有力的支持和保障。

成本控制的方法和工具对于房屋建筑装修会计实务具有非常重要的意义。它们不仅可以帮助企业更好地管理和控制成本，还可以为企业提供更加科学和精准的决策支持，因此在实际应用中应该充分发挥它们的作用，提高企业的经济效益和竞争优势。

### 1. 成本控制模型的设计与应用

在房屋建筑装修会计实务中，成本控制模型的设计与应用是至关重要的。通过设计适合企业的成本控制模型，可以有效地管理和控制建筑装修过程中的成本，从而实现节约成本、提高效率的目标。

要设计成本控制模型，需要建立模型的输入过程。这包括对建筑装修项目所需的各项资源和成本进行详细的调查和分析，确定项目的开支和费用，以及分析成本构成和分布的规律。通过深入了解项目所需的各种成本和资源，可以为模型的后续设计和应用提供充分的数据支持。

进行成本控制模型的处理过程。在这一步，需要根据建筑装修项目的实际情况和需求，设计合理的成本控制策略和手段。例如，可以通过预算管控、标准成本法、差异分析等方法，对成本进行有效的监控和管理。还可以利用信息技术手段，建立和应用成本控制的信息系统，实现对成本数据的实时监测和分析。

进行成本控制模型的输出过程。在这一阶段，需要对成本控制模型进行评估和调整，确保模型的输出结果能够真实反映建筑装修项目的成本状况，并能够为企业的经营决策提供有力支持。还需要对成本控制模型的应用效果进行跟踪和评估，及时发现和解决存在的问题，不断完善和提升成本控制模型的应用价值。

通过建立成本控制模型的输入、处理和输出过程，可以实现成本控制的目标和效果，为房屋建筑装修项目的管理和运营提供科学的支持和指导。对于房屋建筑装修会计实务来说，设计并应用合适的成本控制模型，是至关重要的。

### 2. 成本控制软件的选择与使用

在房屋建筑装修会计实务中，选择适合企业的成本控制软件至关重要。只有通过软件的功能和特点，才能实现成本控制的自动化和信息化。在选择成本控制软件时，首先需要考虑软件的功能是否符合企业的实际需求。比如，软件是否能够对建筑施工、装修材料采购、人工成本等各个方面进行全面的成本核算和分析。软件的使用是否简单便捷，是否能够提高工作效率，减少人力成本。而且软件的数据安全性和稳定性也是企业选择考量的重要因素。

合适的成本控制软件不仅能够帮助企业实现成本控制的自动化和信息化，同时也能提高企业管理水平和竞争力。

3. 成本控制手册的编制与落实

在房屋建筑装修过程中，成本控制是非常重要的一环。为了确保成本控制的规范和落实，需要编制适合企业的成本控制手册。这个手册将明确成本控制的原则、方法和要求，为企业提供有效的指导，确保在房屋建筑装修过程中成本的有效控制。

编制成本控制手册是一项复杂的任务，需要考虑到各种不同的情况和因素。我们需要对企业的实际情况进行充分了解，包括企业的规模、行业特点、装修项目的特点等。然后，我们需要根据这些情况来制定相应的成本控制原则，考虑到不同情况下的适用性和灵活性。

在编制成本控制手册的过程中，我们需要详细考虑各种成本控制的方法和技巧。这包括了对材料、人工、设备等方面的成本控制方法以及对装修过程中可能出现的问题和挑战的预判和解决方案的制定。只有在全面考虑了各种情况和可能的挑战之后，才能确保成本控制手册的有效性和实用性。

为了确保成本控制手册的落实和执行，我们需要在制定手册时考虑具体的执行细节和方法。这包括了对于责任人的明确分工和任务要求，对于监督和检查的机制和措施的设立以及对于可能出现的问题和纠纷的解决方案的预设和规定。只有在制定了完善的落实措施之后，成本控制手册才能真正地发挥作用，确保在房屋建筑装修过程中的成本得到有效的控制。

# 第 7 章

# 财务报告与分析

本章主要介绍建筑行业财务报告与分析的关键问题和方法。介绍建筑行业财务报表的基本内容和格式,包括资产负债表、利润表和现金流量表等以及财务报表的编制和披露要求。详细讲解财务分析与比较的方法和工具,包括财务比率分析和竞争对手比较分析以及财务分析的关键指标和判断标准。介绍财务报告的解释与应用,包括财务报告的解读和分析以及财务报告对决策和策略的影响。通过本章的学习,读者将全面了解建筑行业财务报告与分析的原理和方法,提高财务报表分析和决策能力。

# 建筑行业财务报表

建筑企业的财务报表包括资产负债表、利润表、现金流量表等。建筑企业需要建立完善的财务报表制度,保证财务报表的准确性和合规性。

## 一、建筑行业财务报表的特点与要求

建筑行业的财务报表在特点与要求方面有着独特的地方。在项目性质方面,建筑行业的财务报表需要充分反映出项目的复杂性和周期性,因为不同的建筑项目可能涉及不同的周期和规模,这就要求财务报表能够准确反映出项目的实际情况。在成本结构方面,建筑行业的财务报表需要详细列示出各项成本,包括劳动力成本、材料成本、设备成本等,以便进行成本控制和效益评价。收入来源也是建筑行业财务报表的一个重要特点,因为建筑项目的收入可能来自工程进度、竣工验收或者后期维护等不同阶段,这就需要财务报表能够准确反映出不同阶段的收入情况。

除了特点之外,建筑行业的财务报表还需要符合相关的要求和规范。建筑行业的财务报表需要符合国家相关法律法规的要求,包括会计准则、税务规定等,确保财务报表的合规性和可靠性。建筑行业的财务报表还需要满足企业内部管理的要求,包括项目决策、成本控制、投资评价等,以便为企业管理和决策提供准确的财务信息。建筑行业的财务报表还需要满足外部利益相关者的要求,包括投资者、债权人、监管机构等,提供透明、真实的财务信息。

建筑行业的财务报表在特点与要求方面有着独特的地方,需要充分反映出项目的复杂性、成本结构和收入来源,同时也需要符合国家法律法规、企业管理要求和外部利益相关者的需求。只有这样,建筑行业的财务报表才能真正发挥其管理决策和信息披露的作用,为建筑企业的可持续发展提供有力支持。

### 1. 建筑行业财务报表的项目分类

在房屋建筑装修会计实务中,建筑行业财务报表的项目分类至关重要。这些项目分类直接反映了建筑行业的经营状况和财务状况,对于企业的管理与决策具有重要的指导意义。

施工收入作为建筑行业财务报表中的重要项目之一，反映了企业的盈利能力和生产经营状况。施工收入的详细分类包括建筑工程收入、装修工程收入等，这些项目的具体分类有助于企业对于不同类型项目的经营状况进行分析，及时发现经营中的问题并加以解决。

材料成本作为建筑行业财务报表中的项目之一，对于企业的成本控制和效益分析具有重要意义。材料成本的详细分类包括建筑材料成本、装修材料成本等，通过对材料成本的分类，企业能够清晰了解不同种类材料的消耗情况，从而采取合理的采购和管理措施，降低成本，提高效益。

人工成本作为建筑行业财务报表中的重要项目之一，直接关系到企业的人力资源管理和成本控制。人工成本的详细分类包括直接人工成本、间接人工成本等，这些分类有助于企业了解人工成本的组成和变化趋势，同时也有利于企业合理安排人力资源，控制成本，提高生产效率。

间接费用作为建筑行业财务报表中的项目之一，是企业日常运营中必不可少的开支。间接费用的详细分类包括管理费用、销售费用、财务费用等，通过对间接费用的细致分类，企业能够清晰了解各项费用的发生原因，从而有效控制费用，提升企业的盈利能力。

建筑行业财务报表中的项目分类涉及施工收入、材料成本、人工成本、间接费用等方面，这些分类的细化有助于企业进行精细化管理和决策，提高企业的经营效益和竞争力。建筑行业财务报表的项目分类是建筑行业财务管理中不可或缺的重要环节。

### 2. 建筑行业财务报表的成本分析

在建筑行业的财务报表中，成本分析是一个至关重要的部分。在进行成本分析时，首先需要考虑的是项目成本。项目成本是指建筑项目在完成过程中所涉及的所有成本，包括劳动力成本、材料成本、设备租赁成本等。这些成本的分析可以帮助企业更好地控制项目的总成本，从而提升项目的盈利能力。

间接费用也是财务报表中需要进行成本分析的重要内容之一。间接费用包括建筑现场管理费用、办公管理费用、销售和市场费用等。这些间接费用对于项目的盈利能力有着重要影响，因此进行成本分析可以帮助企业合理控制这些费用，从而提高项目的利润水平。

对项目利润的成本分析也是非常重要的。项目利润是建筑项目最终获得的盈利，而其大小直接与项目成本和间接费用的分析有着密切关系。通过对项目利润的成本分析，企业可以及时发现项目盈利的来源和问题所在，从而调整经营策略，提高项目的整体盈利水平。

在建筑行业的财务报表中进行成本分析，可以帮助企业更好地了解项目的成本结构和利润状况，从而制定相应的经营策略，提升项目的盈利能力，保证企业的可持续发展。

### 3. 建筑行业财务报表的收入分析

在建筑行业的财务报表中，收入分析是至关重要的一部分。首先要考虑的是施工收入，在建筑行业中，施工收入占据着主要的比重。施工收入来源于建筑项目的实际施工过程，包括劳动力、材料和设备的使用。在进行收入分析时，需要仔细核对施工收入的来源和金额，确保其准确性和完整性。

除了施工收入之外，其他收入也是财务报表中重要的一部分。其他收入可能包括建筑行业相关的服务收费、租金收入等。在进行收入分析时，需要对其他收入的具体来源进行详细的调查和分析，确保所有收入都得到充分的记录和报告。

合同变更也是建筑行业财务报表中需要重点关注的部分。由于建筑项目的复杂性和长期性，合同可能会在项目执行过程中发生变更。这些合同的变更可能会对项目的收入产生重大影响，因此需要对所有合同变更进行仔细地分析和记录，确保其在财务报表中得到准确和完整的反映。

建筑行业财务报表中的收入分析涉及施工收入、其他收入和合同变更等多个方面，需要对每一部分收入进行详细的核对和分析。只有通过深入的收入分析，才能够确保财务报表的准确性和完整性，为企业的决策提供可靠的依据。

## 二、建筑行业财务报表的编制与披露

建筑行业财务报表的编制与披露是一项非常重要的工作，它涉及会计准则、报表格式以及相关附注的内容，需要专业性和精准性。在建筑行业中，财务报表的编制必须遵循相关的会计准则，确保报表的准确性和可比性。报表格式的设计也需要符合行业标准，以便于利益相关者准确理解和分析财务信息。报表附注的编制也是至关重要的，它能够提供额外的信息和解释，帮助读者更好地理解财务报表所反映的情况。

为了保证财务报表的准确性和完整性，建筑行业在编制报表时需要严格按照会计准则的要求进行，确保每一项财务数据都能够如实地反映企业的财务状况。这就需要财务人员具备丰富的会计知识和经验，能够正确地运用会计准则进行报表的编制，避免出现错误或遗漏。而报表格式的设计也需要考虑到行业特点和相关法规的要求，以确保报表的可比性和可读性。建筑行业的财务人员在编制报表时需要结合会计准则和行业特点，制定出符合标准的报表格式，确保财务信息的传达和理解。

财务报表的附注内容也是非常重要的，它能够为读者提供更多的背景信息和解释，帮助他们更好地理解财务报表所反映的情况。在建筑行业中，附注内容需要包括与行业特点相关的信息，比如工程进度、成本结构、合同条款等，这些信息能够为利益相关者提供更全面的了解。建筑行业的财务人员在编制财务报表时需要注重附注内容的编制，确保相关信息的完整性和准确性，为利益相关者提供更全面的财务信息。

建筑行业财务报表的编制与披露是一项复杂而重要的工作，需要财务人员具备丰富的会计知识和严谨的工作态度，确保财务报表的准确性和完整性。通过遵循会计准则、设计合规的报表格式以及完善的附注内容，能够为利益相关者提供真实可靠的财务信息，帮助他们更好地理解企业的财务状况。建筑行业的财务人员需要不断学习和提高自身的专业水平，以适应行业发展和财务报表要求的变化。

**1. 建筑行业财务报表的编制方法**

在建筑行业中，财务报表的编制是至关重要的一环。我们需要了解收入确认的方法。建筑项目的收入确认通常涉及工程进度、合同条款和变更订单等，需要按照合同约定和实际工作进展情况来确认收入。在实务操作中，可以采用完成百分比法或实际成本法来确认收入，确保财务报表的准确性和可靠性。

成本分配是建筑行业财务报表编制的重要步骤。建筑项目通常涉及多个成本要素，如材料、劳动力、设备等，因此需要将这些成本合理分配到各个项目阶段。在实际操作中，可以采用直接成本和间接成本的分配方法，确保成本的合理性和公正性，从而准确反映项目的经营状况和盈利能力。

折旧计算也是建筑行业财务报表编制中不可忽视的一环。建筑行业涉及大量固定资产的投入和使用，因此需要对这些固定资产进行合理的折旧计算，以反映资产的使用价值和剩余价值。在实务操作中，可以采用直线法、加速折旧法或双倍余额递减法等方法来计算折旧，确保财务报表的真实性和可比性。

建筑行业财务报表的编制涉及诸多细节和方法，需要准确把握收入确认、成本分配和折旧计算等关键环节，以确保财务报表的准确性和真实性。只有通过合理的财务报表编制方法，建筑企业才能及时了解经营状况，做出正确的经营决策，实现长期可持续发展。

### 2. 建筑行业财务报表的披露要求

在建筑行业中，财务报表的披露要求至关重要。建筑公司需要清晰地披露他们所采用的会计政策，包括计价方法、收入确认和成本资本化等方面的政策。这些政策的披露能够帮助投资者和利益相关方更好地理解公司财务状况，并进行有效的比较和分析。

在财务报表披露中，建筑公司还需要对合同条款进行详细说明。这包括合同收入的确认时间、收入金额的估计、合同成本的资本化等方面。由于建筑项目通常具有较长的周期，合同条款的披露能够帮助利益相关方了解公司未来收入的稳定性和可预测性。

在财务报表披露中，建筑公司需对潜在的风险进行提示。这些风险可能来自市场竞争、原材料价格波动、政策法规变化等各个方面。通过充分披露这些风险，建筑公司能够提前向投资者和利益相关方传达可能面临的挑战，避免信息不对称，保护投资者利益。

建筑行业财务报表的披露要求涉及多个方面，包括会计政策、合同条款和风险提示等。这些披露要求能够帮助投资者和利益相关方更全面地了解建筑公司的财务状况和经营情况，为他们的决策提供更充分的信息支持。建筑公司应当在财务报表披露中严格遵守相关要求，确保信息的及时性、准确性和完整性。

### 3. 建筑行业财务报表的审计与审计意见

建筑行业财务报表的审计是指对房屋建筑装修公司的财务报表进行审查和验证，以确定其真实性和合规性。审计的目的是确保财务报表中的信息准确无误，能够反映公司的真实财务状况和经营成果。在进行审计时，审计师会运用一系列的审计程序，包括获取、分析和评价公司的财务数据以及验证公司的财务报表和相关信息。

审计师会通过获取公司的财务数据来了解公司的财务状况和经营情况。这包括获取公司的资产负债表、利润表、现金流量表等财务报表以及与公司财务相关的其他重要资料。审计师会对这些数据进行详细的分析和评价，以确定公司的财务报表是否反映了真实的经营情况。

审计师会对公司的财务报表进行验证，以确保其真实性和合规性。这包括对公司的资产、负债、所有者权益、收入、费用等项目进行详细的核实和比对，验证其中的各项数据的准确性和完整性。审计师还会对财务报表中的内部控制制度进行审查，以确定其有效性和完整性，确保公司财务报表的编制过程中不存在风险和错误。

审计师会根据其对公司财务报表的审核结果，发表审计意见。审计意见包括对财务报表的真实性和公允性进行确认以及对公司内部控制制度的评价和建议。审计意见的内容直接关系到投资者和利益相关者对公司财务状况的信心和信任，因此具有非常重要的意义。审计意见有助于投资者对公司的财务报表进行评估和决策，也有助于公司改进内部控制制度，提高公司财务报表的质量和透明度。

建筑行业财务报表的审计是保障房屋建筑装修公司财务信息真实性和合规性的重要手段。审计程序的严谨性和审计意见的准确性对于公司和各方利益相关者都具有重要的意义。通过建立健全的审计制度和加强审计监督，能够更好地保护投资者利益，促进建筑行业的健康发展。

# 财务分析与比较

财务分析和比较是建筑企业管理的重要组成部分。财务分析需要考虑多个因素，包括利润率、资产周转率、负债率等。财务比较需要考虑多个因素，包括行业平均值、历史数据、竞争对手等。

## 一、财务比率分析

在本部分中，我们将详细介绍房屋建筑装修会计实务中常用的财务比率分析方法。财务比率分析是评估公司经营状况和财务健康状况的重要工具。它可以帮助我们了解公司的盈利能力、偿债能力、运营能力和成长性，并且可以对不同公司进行比较和分析。

让我们来看利润率的指标。利润率是指公司从销售收入中获得的利润的百分比。常用的利润率包括毛利率、净利润率和营业利润率。毛利率是指销售收入扣除直接成本后的盈利能力，净利润率是指净利润与销售收入的比例，而营业利润率是指营业利润与销售收入的比例。通过比较不同利润率指标，我们可以了解公司盈利能力的不同方面，从而更好地评估其经营状况。

偿债能力也是一个重要的财务指标。偿债能力是指公司用于偿还债务的能力。常用的偿债能力指标包括流动比率、速动比率和负债比率。流动比率是指公司流动资产与流动负债的比率，速动比率是指公司速动资产与流动负债的比率，而负债比率是指公司总负债与总资产的比率。这些指标可以帮助我们评估公司是否能够及时偿还债务，从而更好地保证其财务安全。

除了利润率和偿债能力，运营能力也是财务比率分析中的重要内容。运营能力指标包括资产周转率和库存周转率。资产周转率是指公司销售收入与平均总资产的比率，库存周转率是指销售成本与平均库存的比率。这些指标可以帮助我们评估公司资产的有效利用程度和库存管理的效率，从而更好地了解其运营情况。

成长性也是财务比率分析中需要考虑的一个方面。成长性指标包括营业收入增长率和净利润增长率。这些指标可以帮助我们预测公司未来的发展趋势，从而更好地制定商业战略和投资决策。

通过详细分析上述各项财务比率指标，我们可以全面了解公司的经营状况和财务健康状况，为决策提供更有力的依据。财务比率分析是房屋建筑装修会计实务中不可或缺的重要内容。

## 1. 利润率分析

房屋建筑装修会计实务是房地产行业中至关重要的一环，而利润率分析则是评估企业盈利能力的重要指标。利润率指标包括毛利率、净利率和营业利润率等，对于衡量企业经营状况和发展潜力具有重要意义。在房屋建筑装修行业中，利润率分析可以帮助企业更好地了解其盈利能力，并制定相应的经营策略。

毛利率是指销售收入与销售成本之间的比率，是衡量产品生产和销售效率的重要指标。对于房屋建筑装修行业，毛利率的分析可以帮助企业了解其产品生产和销售的效益，并及时调整生产和销售策略，以提升企业盈利能力。提高毛利率可以通过优化供应链管理，降低生产成本，提高销售价格等方式实现。

净利率是指企业销售收入减去所有费用和税收之后的净利润与销售收入的比率。在房屋建筑装修行业中，净利率的分析可以帮助企业了解其整体经营效益和盈利能力。通过提高净利率，企业可以实现盈利能力的提升，增强市场竞争力。而实现提高净利率的途径包括控制费用支出，提高资产利用率，优化财务结构等方面的努力。

营业利润率是指企业营业利润与营业收入之间的比率，是衡量企业经营盈利能力的指标。在房屋建筑装修行业中，营业利润率的分析可以帮助企业了解其主营业务的盈利能力以及经营管理水平。通过提高营业利润率，企业可以增加盈利空间，实现更好的经营业绩。提高营业利润率可以通过优化营销策略，降低销售成本，提高管理效率等方式实现。

利润率分析对于房屋建筑装修行业具有重要意义，可以帮助企业更好地了解其盈利能力，优化经营管理，提升市场竞争力。了解利润率指标的影响因素与应用方法，对于房屋建筑装修行业的从业人员具有重要的指导意义。

### 2. 偿债能力分析

在进行房屋建筑装修会计实务的过程中，偿债能力分析是至关重要的一环。偿债能力直接关系到企业的长期生存和发展，因此了解和评估企业的偿债能力至关重要。在偿债能力分析中，常用的指标包括流动比率、速动比率和利息保障倍数。这些指标可以帮助我们全面了解企业的偿债能力，从而更好地进行风险评估和财务决策。我们将分析这些指标的应用方法和风险评估。

流动比率是衡量企业短期偿债能力的重要指标之一，它反映了企业短期债务偿还能力的强弱。计算公式为：流动资产/流动负债。流动比率大于1时，说明企业短期偿债能力较强；反之，则表示企业可能存在偿债风险。通过对流动比率的分析，我们能够更清晰地了解企业当前的偿债情况，从而采取相应的措施来加强偿债能力。我们也需要考虑到流动比率的局限性，比如可能会受到库存等因素的影响，因此在进行偿债能力分析时需全面考虑。

速动比率是另一个重要的偿债能力指标，它更加注重企业短期偿债能力的快速偿还能力。速动比率的计算公式为：(流动资产－库存)÷流动负债×100%。速动比率也是衡量企业偿债能力的重要指标之一，它能更准确地反映企业的短期偿债能力。通过速动比率的分析，我们能够更好地把握企业的短期偿债能力，及时发现和解决偿债风险。也需要注意到速动比率会受到库存等因素的影响，因此在进行分析时需结合实际情况进行全面评估。

利息保障倍数是衡量企业偿债能力的重要指标之一，它是用来评估企业支付利息的能力。计算公式为：(净利润＋利息费用＋税项)÷利息费用。利息保障倍数越高，表明企业支付利息的能力越强；反之则表示企业可能存在支付利息的风险。通过对利息保障倍数的分析，我们能够更清晰地了解企业的支付利息能力，从而及时采取措施来应对偿债风险。也需要考虑到利息保障倍数的局限性，比如可能会受到财务报表信息的影响，因此在进行偿债能力分析时需综合考量。

偿债能力分析是房屋建筑装修会计实务中不可或缺的一部分。通过对流动比率、速动比率、利息保障倍数等指标的分析，我们能够全面了解企业的偿债能力，并及时应对偿债风险。我们也要注意到这些指标在实际应用中的局限性，从而更加准确地进行风险评估和财务决策。通过合理的偿债能力分析，我们能够更好地保障企业的长期稳健发展。

### 3. 运营能力分析

在房屋建筑装修会计实务中，运营能力分析是至关重要的一环。评估企业的运营能力能够有效地揭示其经营效率和盈利能力，给企业决策者提供重要参考。在进行运营能力分析时，常用的指标包括周转率、平均收款期和平均付款期等，在实际操作中，如何通过这些指标分析和优化企业的运营效率是至关重要的。

周转率是评估企业运营能力的重要指标之一。周转率反映了企业资产的利用效率，是衡量企业经营活动强度和效率的指标。通常来说，较高的周转率意味着资产的利用效率较高，而较低的周转率则意味着资产利用效率较低。企业可通过提高资产周转率来改善企业的运营效率，从而提升企业的盈利能力。

平均收款期和平均付款期也是评估企业经营效率的重要指标。平均收款期是指企业从销售产品到收到货款所需要的时间，而平均付款期则是企业从购买产品到支付货款所需要的时间。通过对比平均收款期和平均付款期，可以评估企业的资金周转效率和偿付能力。如果平均收款期较长，将影响企业的资金周转效率，增加企业的经营风险，而如果平均付款期较长，将增加企业的财务成本，影响企业的盈利能力。企业需要通过优化收款和付款流程，缩短平均收款期和平均付款期，提高资金利用效率，减少经营风险，提升企业盈利能力。

通过对周转率、平均收款期和平均付款期等常用的运营能力指标进行分析，企业可以清晰地了解自身的运营状况，及时发现问题并加以解决。只有不断优化企业的运营效率，才能确保企业长期稳健经营，实现可持续发展。

运营能力分析在房屋建筑装修行业的会计实务中具有非常重要的意义，是企业管理者不可忽视的一环。

## 二、财务比较分析

在房屋建筑装修行业，财务比较分析是非常重要的一个环节。通过对比不同时间点、不同企业、不同行业的数据进行比较，可以更好地评估企业的财务状况和竞争优势。本部分将详细介绍趋势分析、横向比较、纵向比较等比较分析方法，并说明其应用场景和注意事项。

让我们来详细讨论趋势分析。趋势分析是通过比较同一项指标在不同时间点的数据，来评估企业的财务发展趋势。在房屋建筑装修行业，可以通过趋势分析来了解企业的盈利能力、资产负债情况的变化趋势。比如，可以分析过去几年的营业收入、净利润等指标的变化情况，从而判断企业的经营状况和发展趋势。

让我们深入探讨横向比较。横向比较是将同一时间点不同企业或同一地区不同行业的财务数据进行对比分析。在房屋建筑装修行业，可以通过横向比较来了解企业在同一时间点与竞争对手相比的财务状况。比如，可以对比同一城市不同装修公司的盈利能力、资产负债结构等，从而找出自身的优势和劣势，制定更合理的发展策略。

让我们深入了解纵向比较。纵向比较是将同一企业不同时间点的财务数据进行对比分析。在房屋建筑装修行业，可以通过纵向比较来了解企业在不同时间点的财务发展情况。比如，可以对比不同年度的营业收入、净利润等指标的变化情况，从而发现经营的薄弱环节，及时调整经营策略。

在进行财务比较分析时，需要注意数据的真实性和准确性，避免因为数据本身的错误而导致分析结果的偏差。在选择参照对象和指标时，也需要考虑到行业的特殊性和周期性，避免出现不合理的结论。财务比较分析是房屋建筑装修企业经营管理中不可或缺的重要环节，只有通过科学的比较分析，企业才能更好地了解自身的财务状况，找出优势和劣势，并制定更有效的发展战略。

### 1. 趋势分析

房屋建筑装修会计实务是一个成熟的领域，随着时代的变迁，趋势分析在这一领域中也扮演着越来越重要的角色。趋势分析通过对比同一企业不同时间点的数据变化，可以反映企业的发展趋势和潜在风险。在房屋建筑装修会计实务中，趋势分析可以帮助企业更准确地把握市场走势，优化决策，降低风险。

首先，通过趋势分析，我们可以了解市场需求的变化趋势。随着社会经济水平的提高，人们对于住房和装修的需求也在不断变化。通过对比不同时间点的数据，我们可以发现消费者对于房屋建筑装修的偏好是否发生了变化，从而帮助企业调整产品和服务的方向，更好地满足市场需求。

其次，趋势分析也可以帮助企业预测潜在的风险。在房屋建筑装修领域，市场竞争激烈，行业政策不断变化，这些都可能带来潜在的风险。通过趋势分析，我们可以发现一些潜在的问题和风险，并及时采取措施，降低企业的损失。

针对趋势分析的方法与步骤，我们可以采用统计学上的相关分析、回归分析等方法，通过对数据的收集和整理，得出一些客观的结论。比如，可以通过收集装修材料的价格变化数据，运用相关分析的方法来分析价格与市场因素的关系，从而帮助企业制定合理的价格策略。

在实际应用中，我们可以以某家房屋建筑装修企业为例，采集该企业过去几年来的营业额、成本、利润等数据，通过趋势分析的方法，分析该企业在市场表现的趋势，从而为该企业未来的发展提供参考依据。

趋势分析在房屋建筑装修会计实务中具有重要意义，企业可以通过趋势分析更准确地把握市场动态，优化决策，降低风险。通过对比数据的变化，我们可以更清晰地了解市场需求的变化趋势，并及时预测潜在的风险，为企业的发展提供支持。

### 2. 横向比较

在房屋建筑装修会计实务领域，横向比较是一种重要的分析方法。通过对比同一时间点不同企业的财务数据，可以评估企业的竞争优势和行业地位。在进行横向比较时，需要关注的指标包括但不限于利润率、偿债能力、营运能力等，这些指标可以帮助我们更好地了解企业的财务状况。

对于房屋建筑装修企业，横向比较可以更好地展现出不同企业之间的财务表现差异。例如，我们可以以同一时间点的不同企业为例，比较它们的营业收入增长率、净利润率、资产负债率等指标，从中可以发现不同企业的盈利能力和资产运营情况。还可以通过横向比较来分析行业整体的发展趋势，以及各个企业在行业内的地位和发展潜力。

在进行行业分析和竞争对手比较时，我们需要将横向比较的结果与行业平均水平进行对比。通过这种对比，可以更清晰地看到企业在行业内的优劣势，从而找到自身的发展空间和改进方向。还可以进行竞争对手的比较，了解其他企业的财务表现，并借鉴其成功经验，以优化自身的财务管理和经营策略。

横向比较在房屋建筑装修会计实务中具有重要的作用。通过对比不同企业的财务数据，可以更全面地了解行业内企业的经营状况，并为企业的发展提供重要参考依据。掌握和运用好横向比较方法和技巧，对于提升企业的竞争力和实务水平具有重要意义。

### 3. 纵向比较

房屋建筑装修会计实务是一个复杂而又关键的领域，它涉及各种成本、费用、资产和负债的管理和核算。在这个领域，纵向比较是一个非常重要的工具，通过对比同一企业不同分支机构、产品线、地区等数据进行比较，可以有效地反映企业内部的差异和优化空间。

纵向比较需要明确的方法和指标。在房屋建筑装修行业，可以采用的方法和指标包括成本比较、利润率比较、资产负债比较等。例如，对于成本比较，可以比较不同分支机构在人工成本、材料成本、设备成本等方面的差异；对于利润率比较，可以比较不同产品线或地区在销售利润率、毛利率等方面的优劣；对于资产负债比较，可以比较不同分支机构在资产规模、资产负债率等方面的情况。这些方法和指标可以帮助企业全面了解不同部门、产品线或地区的表现，为进一步分析提供基础。

如何进行分析和改进也是纵向比较中非常重要的一环。在房屋建筑装修行业，分析和改进可以从降低成本、提高利润率、优化资产负债结构等方面展开。通过对比发现差异，可以找出业绩较好的部门或产品线的经验和优势，推广到整个企业；同时也可以发现存在的问题和不足，及时采取措施加以改进。比如，通过降低成本改善产品线的盈利状况，通过优化资产负债结构提升企业整体的财务状况等。这些分析和改进的举措都可以帮助企业在激烈的市场竞争中立于不败之地。

纵向比较在房屋建筑装修会计实务中发挥着巨大的作用，它不仅可以帮助企业全面了解内部不同部门、产品线或地区的表现，还可以指导企业进行分析和改进，提升整体的经营业绩和财务状况。对于房屋建筑装修企业来说，掌握纵向比较的方法和技巧是非常重要的，可以为企业的可持续发展提供有力的支持。

# 财务报告的解读与应用

财务报告的解读和应用是建筑企业管理的重要组成部分。财务报告的解读需要考虑多个因素,包括财务指标、业务模式、市场环境等。财务报告的应用需要考虑多个因素,包括投融资决策、税务筹划、公司治理等。

## 一、财务报告解读

房屋建筑装修会计实务是涉及房地产行业的财务报告解读与应用,这里我们将详细描述财务报告的重要性以及解读方法。

在房地产行业,财务报告是非常重要的,因为它能够清晰地反映企业的经营情况和财务状况。财务报告中的数字信息能够帮助企业管理者做出正确的经营决策,也能够帮助外部利益相关者评估企业的健康状况。对财务报告的准确解读非常关键。

对财务报告的解读需要从整体情况出发,包括资产负债表、利润表和现金流量表。资产负债表能够展示企业的资产、负债和所有者权益,利润表则反映了企业的经营业绩,而现金流量表则展示了企业的现金流入和流出情况。通过综合分析这些表格的内容,能够更全面地了解企业的财务状况和经营情况。

解读财务报告还需要对企业的财务比率进行分析。财务比率能够帮助我们更加深入地了解企业的财务状况,包括偿债能力、盈利能力、运营能力等方面。例如,通过计算资产负债表中的负债比率和权益比率,可以评估企业的财务风险情况;通过计算利润表中的毛利率和净利率,可以了解企业的盈利能力如何。这些比率可以帮助我们更准确地评价企业的财务状况。

对财务报告的解读还需要考虑到行业和市场的情况。房地产行业的特点与其他行业有所不同,因此在解读财务报告时需要考虑行业的特殊性。市场的变化也会对财务报告产生影响,需要结合市场情况来进行分析。

房屋建筑装修会计实务中对财务报告的解读需要综合考虑资产负债表、利润表、现金流量表,进行财务比率分析,并结合行业和市场情况进行综合分析。对财务报告准确理解能够为企业的经营决策和外部利益相关者的评估提供重要参考,具有非常重要的实务意义。

## 1. 财务报告的基本原则

在编制财务报告时，需要遵循一定的原则和规范，以确保报告的准确性和可靠性。其中包括会计准则、会计政策和会计估计等内容。会计准则是指用来规范财务报告编制的基本规则和指导原则。这些准则旨在确保财务报告能够客观、真实地反映企业的财务状况和经营成果。会计政策是指企业在编制财务报告时所采用的具体会计方法和处理原则，包括计量基础、会计确认时间、资产减值、收入确认等方面的规定。会计估计则是指在财务报告编制过程中需要对某些项目进行估计，例如预计信用损失、未来收益、资产减值准备等。这些估计对于财务报告的真实性和完整性至关重要。财务报告编制的基本原则和规范是确保财务信息的可比性、一致性和可靠性，对用户分析企业的财务状况和经营成果具有重要意义。

财务报告编制的基本原则对于解读财务报告具有重要影响。遵循基本原则可以确保财务报告具有较高的可比性和一致性。这样，用户在通过对比不同期间或不同企业的财务报告时，可以更加准确地了解企业的财务状况和经营成果，进行有效的比较分析。遵循基本原则可以确保财务报告的可靠性和真实性。这对于用户做出正确的经济决策、评估企业的偿债能力和盈利能力非常重要。基本原则的遵循可以提高财务报告的透明度和披露质量，让用户更加清晰地了解企业的财务状况和风险情况。基本原则的遵循还可以降低企业财务报告的操纵和误导性，保护投资者和利益相关方的利益，从而增强市场信心和稳定性。

在实际操作中，编制财务报告时需要充分理解和遵守这些基本原则和规范。会计人员在制定会计政策和进行会计估计时，需要审慎对待，确保遵循会计准则的要求，并尽量减少主观性的影响。企业也需加强内部控制，确保各项财务信息的准确性和可靠性。只有在严格遵循财务报告编制的基本原则和规范的前提下，财务报告才能发挥其应有的作用，为用户提供准确、可靠的财务信息，促进企业经济活动的规范和健康发展。

## 2. 财务报告的主要财务指标

房屋建筑装修会计实务是指在房屋建筑和装修行业中应用会计知识和技巧进行财务管理和监控的实际操作。在这一领域中，财务报告扮演着至关重要的角色，而财务报告中的主要财务指标更是至关重要，因为它们提供了对公司财务状况和经营业绩的重要信息。

在财务报告中，资产负债比率是一个重要的财务指标之一。资产负债比率的计算方法是将公司的总负债除以总资产，它提供了公司资产是通过债务还是通过股东权益融资的信息，成为评估公司财务风险的重要依据。流动比率是另一个重要的财务指标，计算方法是将流动资产除以流动负债，它衡量了公司偿付短期债务能力的指标。盈利能力指标包括利润率、资产回报率和股东权益回报率等，它们为投资者和管理者提供了公司盈利能力的重要信息。

需要注意的是，在解读这些主要财务指标时，不能单纯地依靠数字，还需要考虑行业特点、市场环境以及公司经营策略等因素。只有综合考量，才能得出更全面和准确的结论。建筑行业的会计实务人员在分析财务报告中的财务指标时，需要将会计知识与行业实际情况相结合，作出全面准确的评估和决策。

### 3. 财务报告的趋势分析

在房屋建筑装修会计实务的领域中，财务报告的趋势分析是至关重要的一环。通过对财务报告中的数据进行趋势分析，可以帮助企业和投资者更好地了解企业的经营状况和发展趋势，从而做出更明智的决策。在本部分中，将详细介绍趋势分析的方法和应用，为读者提供深入的理解和实用的指导。

趋势分析是通过比较多个会计期间的财务数据来评估企业的经营状况和发展趋势的方法。在房屋建筑装修行业，企业经常会通过比较不同年度的财务报告来进行趋势分析，以了解业务的增长或下降趋势。这种分析方法可以帮助企业发现潜在的经营问题，预测未来的发展方向，为企业的发展提供重要参考。

趋势分析在房屋建筑装修会计实务中有着广泛的应用。例如，企业可以通过趋势分析来比较不同时间段内的销售额、成本和利润率的变化情况，以了解业务的盈利能力和运营效率。趋势分析还可以帮助企业识别出潜在的财务风险，例如长期资产负债比率的变化趋势，预警企业可能存在的偿债困难。趋势分析在房屋建筑装修行业的财务管理中具有极其重要的作用。

通过趋势分析，我们可以更好地了解企业的财务状况和经营趋势，为企业的发展提供重要参考。在房屋建筑装修领域，财务报告的趋势分析不仅可以帮助企业发现问题、预测发展方向，还可以帮助企业识别财务风险和提高经营效率。趋势分析对于房屋建筑装修企业的财务管理具有不可替代的重要性。

## 二、财务报告的应用场景

在房屋建筑装修行业，财务报告的应用场景非常广泛。除了用于企业内部的决策，财务报告还可以在其他场景中发挥重要作用。在投资决策中，投资者可以通过分析装修公司的财务报告来评估其盈利能力、偿债能力和成长潜力，从而做出更明智的投资决策。在信贷评估方面，银行或其他债权人可以通过审阅装修公司的财务报告来评估其偿债能力和信用状况，从而决定是否向其提供贷款或信贷额度。了解财务报告在不同场景下的应用方法和注意事项对于房屋建筑装修行业的从业者来说至关重要。

在进行投资决策时，投资者需要注意的是，在审阅装修公司的财务报告时，除了关注其盈利能力和成长潜力外，还需要仔细分析其资产负债表和现金流量表，以评估其偿债能力和流动性状况。还需要关注装修公司的成本结构和经营管理情况，以判断其盈利模式的可持续性。综合考量这些因素，投资者才能够做出明智的投资决策，降低投资风险，实现长期稳健的投资回报。

在进行信贷评估时，银行或其他债权人需要特别关注装修公司的偿债能力和信用状况。他们会仔细分析财务报告中的负债结构和偿债能力指标，如流动比率和速动比率，以评估装修公司是否具备足够的偿债能力。他们还会审阅装修公司的经营历史和财务稳定性，以判断其是否具有良好的信用记录。只有当装修公司的财务报告表现出稳健的偿债能力和良好的信用状况时，银行或其他债权人才会考虑向其提供贷款或信贷额度。

财务报告在房屋建筑装修行业不仅用于企业内部的决策，还可以在投资决策和信贷评估等场景中发挥重要作用。从业者需要了解财务报告在不同场景下的应用方法和注意事项，以提升自身的财务决策能力和风险管理能力，从而更好地推动行业的健康发展。

### 1. 财务报告在投资决策中的应用

在房屋建筑装修会计实务方面，财务报告在投资决策中的应用至关重要。投资者可以通过深入分析企业的财务报告来评估其投资价值，从而作出明智的投资决策。财务报告是投资者了解公司财务状况、盈利能力、资产负债情况和现金流量等重要信息的重要渠道。在房屋建筑装修行业，投资者需要了解如何正确地应用财务报告进行投资决策，并注意一些关键的事项。

投资者在分析财务报告时需要关注的一个重要指标是公司的盈利能力。盈利能力是一个企业能否持续盈利的重要标志，投资者可以通过利润表和现金流量表来分析企业的盈利情况。在房屋建筑装修行业，投资者可以从财务报告中了解到企业的营业收入、成本和费用的情况，从而评估其盈利能力的强弱。投资者还需要关注企业的净利润、毛利率和净利率等指标，以便更好地了解企业的盈利情况。

资产负债情况也是投资者在分析财务报告时需要关注的重要内容之一。资产负债表可以为投资者提供有关企业资产和负债情况的详细信息，包括资产的种类和价值以及企业的债务情况。在房屋建筑装修行业，投资者可以通过资产负债表了解企业的固定资产、流动资产和负债情况，进而评估企业的财务稳定性和偿债能力。

现金流量表也是投资者在分析财务报告时需要重点关注的内容之一。现金流量表可以为投资者提供关于企业现金流入和流出的详细信息，包括经营、投资和筹资活动的现金流量情况。在房屋建筑装修行业，投资者可以通过现金流量表了解企业现金流量的来源和运用情况，从而评估其盈利能力和偿债能力。

财务报告在投资决策中的应用是至关重要的。在房屋建筑装修行业，投资者可以通过深入分析企业的财务报告来评估企业的投资价值，并作出明智的投资决策。投资者需要关注公司的盈利能力、资产负债情况和现金流量情况等重要指标，以便更好地了解企业的财务状况和作出正确的投资决策。

**2. 财务报告在信贷评估中的应用**

在房屋建筑装修会计实务中，财务报告在信贷评估中的应用至关重要。银行和其他金融机构在决定是否向企业提供贷款时，往往需要参考企业的财务报告，以判断其还款能力和信用状况。财务报告不仅是企业内部财务管理的工具，也是外部信贷评估的重要参考依据。在本部分中，我们将详细介绍财务报告在信贷评估中的应用方法和注意事项，帮助读者更好地理解和运用财务报告来支持企业的融资需求。

财务报告中关键的财务指标对于信贷评估至关重要。比如，资产负债表反映了企业的资产、负债和所有者权益状况，利润表则展示了企业经营活动的盈利能力，现金流量表则揭示了企业的现金流入和流出情况。这些财务指标对于银行和其他金融机构来说都是非常重要的参考数据，能够直观地反映企业的财务健康状况和经营能力。在编制和分析财务报告时，企业需要重点关注这些财务指标的真实性、准确性和可比性，以便为信贷评估提供可靠的数据支持。

财务报告的披露内容也是银行和其他金融机构在进行信贷评估时关注的焦点。财务报告中的注释、附注以及重大会计政策的披露，对于评估企业的风险和财务状况都具有重要意义。比如，企业在财务报告中需要披露的关联交易、重大诉讼事项、会计估计和假设等内容，都能够影响到银行对企业的信贷评估结果。企业在编制财务报告时需要遵循会计准则的规定，进行全面、真实的披露，以避免因未披露重要信息而影响信贷评估的结果。

除了财务报告中的财务指标和披露内容，财务报告的质量和独立性也对信贷评估有着重要的影响。银行和其他金融机构通常会借助专业的审计师事务所对企业的财务报告进行审计，以验证财务报告的真实性和完整性。对于企业来说，选择合适的审计师事务所并与之保持良好的沟通和合作关系，对于提高财务报告的可信度和说服力至关重要。财务报告的编制应当遵循相关的会计准则和规定，确保财务报告的质量，避免出现涉嫌违规或不当的情况，从而影响信贷评估的结果。

财务报告在信贷评估中扮演着重要的角色。通过准确、真实、全面的财务报告，银行和其他金融机构可以更好地评估企业的还款能力和信用状况，帮助它们作出更准确、科学的信贷决策。在房屋建筑装修会计实务中，企业需要重视财务报告的编制和披露质量，以提升企业的信贷可信度和竞争力。

### 3. 财务报告在管理决策中的应用

在企业管理中，财务报告是管理层评估不同决策方案的重要依据之一。通过对财务报告的分析，管理层可以更好地评估决策方案的经济效益和风险，从而作出更明智的决策。

管理层可以通过对财务报告中的财务指标进行深入分析，来评估不同决策方案的经济效益。比如，管理层可以通过分析财务报告中的利润表和资产负债表，来评估不同决策方案对企业盈利能力和资产配置的影响。管理层还可以通过分析财务报告中的现金流量表，来评估不同决策方案对企业现金流的影响，从而更好地把握企业的经济效益。

管理层在使用财务报告进行管理决策时，还需要注意一些重要的事项。要注意财务报告的真实性和可靠性，避免因为财务报告的失真而作出错误决策。还需要注意财务报告的时效性，及时获取最新的财务报告数据，以便作出及时的决策。管理层还需要注意财务报告的全面性，不能片面看待财务报告中的数据，要对财务报告进行全面的分析，从而作出准确的决策。

财务报告在管理决策中扮演着重要的角色，管理层可以通过对财务报告的分析来评估不同决策方案的经济效益和风险。在使用财务报告进行管理决策时，管理层还需要注意财务报告的真实性、时效性和全面性，从而作出准确和明智的决策。

# 第 8 章

# 未来趋势与创新

　　本章主要探讨建筑行业会计的未来趋势和创新发展。介绍数字化革命对建筑会计的影响和挑战,包括信息技术的应用和数据分析的重要性以及数字化转型对会计工作流程和方法的影响。讨论可持续建筑与绿色会计的发展趋势,包括环境保护和资源节约的要求以及绿色会计的概念和应用。展望建筑行业会计的未来发展,包括技术创新和智能化管理的趋势以及会计职业的角色和责任的变化。通过本章的学习,读者将了解建筑行业会计的未来展望,为个人职业发展和行业转型提供思路和启示。

# 数字化革命与建筑会计

数字化革命对建筑行业产生了深刻的影响,也对建筑会计产生了巨大的影响。建筑企业需要积极应对数字化革命,建立数字化会计系统和数字化会计处理流程,提高会计信息的自动化和数字化程度。

## 一、数字化革命对建筑会计的影响

数字化革命正在对建筑行业产生深远影响,从项目管理到成本控制,再到财务报告和分析。在这一变革的浪潮下,建筑会计也面临着前所未有的挑战和机遇。传统的手工记账和人工核算已经无法满足日益复杂的建筑项目需求,数字化技术的应用成为行业发展的关键驱动力。

数字化革命让建筑企业能够更加高效地进行成本控制和管理。通过建立数字化的成本管理系统,企业可以实现对材料、人工和设备等成本的实时监控和分析。这不仅可以帮助企业及时发现和解决成本超支的问题,还可以优化资源配置,提高项目的效益和盈利能力。建筑企业在进行会计实务时需要更加注重数字化工具的应用和数据分析的能力。

数字化革命也为建筑会计带来了全新的财务报告和分析方式。传统的财务报告往往局限于静态的数字和图表,无法真正反映项目的动态变化和实时情况。而借助于大数据和人工智能技术,建筑企业可以实现财务数据的实时更新和动态分析,从而更好地指导经营决策和未来规划。建筑会计人员需要具备对大数据的收集和分析能力,以更好地应对数字化革命带来的挑战和机遇。

数字化革命也促使建筑行业在税务合规和风险管理方面进行全面转型。随着税法法规的不断变化和复杂化,建筑企业需要借助数字化技术来提高税务合规的水平和效率。而数字化革命也为企业带来了更多的风险和安全隐患,建筑会计人员需要具备信息安全和风险管理的知识和技能,以应对数字化时代带来的新挑战和风险。

数字化革命正在深刻改变建筑行业和会计领域的传统模式和方式。建筑会计人员需要不断学习和更新自己的知识和技能,以适应数字化时代的要求,实现行业转型和升级。数字化革命是一场持续的变革和创新，只有不断适应和积极应对，建筑会计才能在这场变革中获得更多的机遇和发展空间。

1. 智能化技术的应用

随着物联网和大数据分析等智能化技术的不断发展和应用，建筑行业的会计实务也迎来了前所未有的变革。这些智能化技术不仅提高了数据的准确性，而且还实现了数据的实时监测和分析，极大地提升了会计工作的效率和精度。

在过去，建筑行业的会计工作往往需要大量的人力物力来处理和整理数据，工作效率较低，且容易出现误差。而随着智能化技术的应用，如今建筑公司可以通过物联网设备自动收集各种数据，例如建筑材料的使用情况、施工进度和设备运行状态等，这些数据可以通过大数据分析系统实时地进行汇总和分析，帮助会计人员更加准确地掌握公司的财务状况。

除了数据的准确性和实时性得到提升之外，智能化技术还为会计人员提供了更多的便利和支持。通过智能化系统，会计人员可以实现自动化的数据录入和处理，大大减轻了他们的工作负担。而且通过数据分析，他们可以发现并解决财务管理中的问题，预测未来的发展趋势，为企业的决策提供更加有力的支持和参考。

智能化技术的应用为建筑行业的会计实务带来了巨大的变革和提升。它使会计工作更加精准、高效，为企业的发展提供了更加可靠的财务支持，对于未来建筑行业的发展也将发挥着越来越重要的作用。

2. 数字化会计系统的建立

在房屋建筑装修行业，数字化会计系统的建立至关重要。一家建筑公司决定采用更加智能化的会计系统，以实现财务数据的自动化处理和分析。这一举措不仅降低了人力成本，还提高了数据的准确性和可靠性。

在数字化会计系统的建立过程中，建筑公司首先对现有的会计流程进行了全面的分析。他们深入了解了各个部门的财务需求，并逐步明确了实现数字化会计系统的目标和指标。在此基础上，该公司选择了符合自身需求的会计软件，并进行了定制化的开发，以确保系统与企业的实际运营紧密结合。

数字化会计系统的建立还涉及财务数据的搜集和转化。建筑公司通过系统的输入和采集，将各个环节产生的财务数据自动导入会计系统中进行处理，大大节省了人力资源和时间成本。通过系统的分析和整合，建筑公司实现了烦琐的财务数据一键生成报表，提高了工作效率和数据的可视化展示。

数字化会计系统的建立给建筑公司带来了诸多好处。财务数据的自动化处理和分析大大降低了公司的人力成本，解放了财务人员的劳动力，让他们有更多的时间去进行数据的分析和决策。由于系统的智能化和自动化，数据的准确性和可靠性得到了有效提高，降低了人为错误的概率，保证了企业财务数据的真实性。

数字化会计系统的建立对于建筑装修行业的企业来说，不仅是一种必然趋势，更是企业提高管理水平和效率的重要手段。建筑公司通过建立更加智能化的会计系统，实现了财务数据的自动化处理和分析，降低了人力成本，提高了数据的准确性和可靠性，为企业的可持续发展奠定了坚实的基础。

### 3. 数据安全与隐私保护

随着数字化革命的不断深入，建筑行业也逐渐向数字化发展，从而使得建筑公司在数据安全和隐私保护方面面临着新的挑战。在如今信息技术高度发达的社会背景之下，建筑行业在处理大量会计数据时必须保障数据的安全性和隐私性。本部分将深入讨论建筑行业如何在数据安全与隐私保护方面采取有效的措施。

在建筑行业，大量的会计数据是非常敏感和重要的。建筑公司需要存储和处理大量的财务数据，包括工程成本、人力资源管理、供应链管理等方面的数据。这些数据一旦泄漏或遭到不法分子的攻击，将对公司的利益和声誉造成严重的损害。建筑公司需要通过建立健全的信息安全系统来保护这些敏感数据，包括网络安全防护、数据加密、访问权限控制等措施，以确保会计数据的安全性。

在建筑行业，员工的个人信息也是需要得到保护的重要数据之一。建筑公司需要采取措施，确保员工的个人隐私不会被泄漏或滥用。比如，建立严格的员工数据管理制度，对员工个人信息进行严格的访问审批以及禁止员工私自外传公司数据等措施，都能有效保护员工的个人隐私信息。

建筑公司还需要关注与客户和合作伙伴之间的数据交换和共享。在与客户和合作伙伴进行财务数据交流时，需要确保数据传输的安全性，避免在数据传输过程中遭到监听或篡改。建筑公司可以通过采用加密传输技术、数字签名认证技术等手段，来保障数据在传输过程中的安全性和完整性。

建筑行业在数字化发展的今天，面临着数据安全和隐私保护的挑战。为了保障会计数据的安全性和隐私性，建筑公司需要建立完善的信息安全管理制度，加强对数据的加密、访问权限控制以及加强对员工个人信息和数据传输安全的管理，从而确保数据的安全性和隐私性得到有效保障。

## 二、建筑会计的数字化创新

在当前数字化时代，建筑行业的会计实务也需要积极应对数字化革命的挑战。传统的手工录入数据和烦琐的报表制作已经无法满足建筑行业的发展需求。建筑会计需要进行数字化创新，采用先进的会计软件和技术，提高会计工作的效率和质量。

数字化创新可以帮助建筑会计实现数据自动化采集，快速、准确地建立会计账簿和报表。通过与建筑工程管理系统的无缝对接，建筑会计可以实时获取工程进度、材料消耗等关键数据，避免了传统手工记录和统计的烦琐过程。这不仅大大节约了会计人员的时间和精力，还有效降低了数据错误的风险，提高了数据的准确性和可靠性。

数字化创新还可以帮助建筑会计实现财务管理的智能化和个性化。通过大数据分析和人工智能技术，建筑会计可以更好地把握企业的财务状况和经营情况，及时发现问题并作出预警和决策。个性化财务报表和指标分析可以有针对性地为企业领导提供数据支持，提高了财务决策的科学性和准确性。

数字化创新还可以帮助建筑会计实现与其他部门的协同合作。通过云端会计系统和协同办公平台，建筑会计可以与工程管理、采购管理等部门实现信息共享和实时沟通。这样一来，不仅加强了会计工作与其他部门的联系，也提高了数据的一体化管理和利用效率，为企业的整体运营和管理提供了更加全面和准确的数据支持。

数字化创新是建筑行业会计实务的必然选择。通过数字化创新，建筑会计可以实现从传统手工作业到智能化、自动化的转变，提高了会计工作的效率和质量，为企业的发展和管理提供了更加可靠的财务支持。只有不断跟上数字化创新的步伐，建筑行业的会计实务才能真正适应时代的需求，走在行业的前沿。

### 1. 智能财务报表与分析

房屋建筑装修会计实务在当今社会扮演着举足轻重的角色。随着科技的不断发展，智能财务报表与数据分析工具的应用已经成为建筑公司提供更准确和全面的财务报表和分析的重要手段。这些技术不仅能帮助企业管理层进行决策,还能帮助他们评估风险和规划战略。下面将详细探讨建筑公司如何利用智能财务报表与分析工具来优化其会计事务。

借助智能化技术,建筑公司可以更加精确地收集和整理财务数据。通过自动化的数据收集和处理,公司能够及时获取销售额、成本、收入等关键财务数据,避免了手工录入的错误和延迟。这样一来,财务报表的准确性和及时性得到了极大提高,为决策者提供了更加可靠的决策依据。

智能财务报表可以通过数据分析工具进行更全面和深入的分析。利用大数据分析技术,建筑公司可以对财务数据进行更加全面和深入地挖掘,发现其中隐藏的规律和趋势。比如,可以通过数据分析工具对不同项目的成本、收入和利润进行比较,找出其中的优势和劣势,帮助企业制定更具针对性的经营策略。通过对市场需求和竞争对手的数据进行分析,公司还可以更好地预测市场走向和行业发展趋势,为未来的发展提供参考依据。

智能财务报表与分析工具还可以帮助建筑公司评估风险和规划战略。通过对财务数据的全面分析,公司可以更好地评估项目的风险和收益,为投资和项目选择提供科学依据。公司还可以利用这些技术来规划未来的发展战略,包括市场扩张、产品升级、资金调配等方面,使公司能够更好地适应市场变化和行业竞争。

智能财务报表与数据分析工具的应用为建筑公司提供了更加全面、准确和深入的财务报表和分析,极大地优化了其会计实务。通过这些技术的应用,建筑公司不仅能够提高决策的科学性,还能够更好地评估风险和规划战略,为公司的可持续发展提供有力支持。建筑公司应当积极借助智能化技术,提高财务报表与数据分析的水平,推动公司会计实务的现代化和智能化发展。

### 2. 区块链技术在建筑会计中的应用

在建筑行业,会计实务一直是一个重要的领域,而随着区块链技术的不断发展和应用,它在建筑会计中的作用也日益凸显。

区块链技术具有分布式数据库、去中心化、不可篡改等特点,这些特点使得它在建筑会计中有着广阔的应用前景。区块链技术可以极大地提高数据的安全性和可追溯性。在建筑行业中,涉及的各种合同、付款、报销等信息繁杂而又庞大,传统的数据库可能存在被攻击或篡改的风险,而区块链的去中心化特点可以有效避免这一问题的发生,确保数据的安全性和完整性。区块链技术还可以减少欺诈和错误。传统的会计系统可能存在人为操作和造假的可能，而区块链技术的不可篡改性可以有效地防止这些问题的发生，从而提高了建筑会计的准确性和可信度。

区块链技术还可以加快建筑行业内部的交易和清算速度，降低交易成本，优化供应链管理等。可以说区块链技术对于建筑会计实务具有深远的影响，为建筑行业的信息化进程提供了新的思路和方法。可以预见的是，随着区块链技术的不断成熟和应用，建筑会计将迎来前所未有的变革和提升。

3. 人工智能在建筑会计中的应用

在建筑行业，人工智能的应用已经成为一种趋势。在房屋建筑装修会计实务中，人工智能的应用也变得越发重要。在风险评估方面，人工智能可以通过分析大量的数据，识别潜在的风险因素，帮助建筑公司更准确地评估潜在的风险。通过人工智能技术，建筑公司可以更加全面地了解项目的风险，并且可以作出更加准确的预测，从而有效地规避风险，提高整体的项目成功率。

在财务数据的准确性和可靠性方面，人工智能可以发挥重要作用。传统的会计工作可能会因为人为的误差而导致财务数据的准确性和可靠性受到影响，而人工智能可以通过自动化的数据处理和分析，大大降低了出现错误的可能性。而且，人工智能技术可以通过对历史数据的分析，帮助建筑公司更加准确地预测未来的财务情况，为决策提供更加可靠的依据。

人工智能还可以降低会计工作的成本和风险。采用人工智能技术进行数据处理和分析，可以大大提高会计工作的效率，降低人力成本。而且人工智能可以通过智能化的风险识别，帮助公司及早发现潜在的财务风险，并采取相应的措施加以应对，降低了财务风险对公司的影响。

人工智能在建筑会计中的应用有着广阔的前景。通过人工智能的应用，建筑公司可以提高风险评估和预测的准确性，提升财务数据的可靠性，降低会计工作的成本和风险，有助于建筑行业的可持续发展。

# 可持续建筑与绿色会计

可持续建筑和绿色会计已经成为建筑行业的重要发展方向。建筑企业需要积极推进可持续建筑和绿色会计的发展，采用绿色建筑材料、绿色建筑技术等，建立绿色会计制度，为可持续发展作出贡献。

## 一、可持续建筑的概念与特点

可持续建筑是指在设计、施工和运营过程中尽量减少对环境的影响,提高资源利用效率和室内环境质量的建筑。这一概念是在对传统建筑的研究和借鉴基础上发展而来的,旨在实现以人为本、环保节能的建筑理念。可持续建筑的特点包括了对生态环境的保护,对资源的合理利用以及对居住者的舒适健康保障。

可持续建筑的概念强调对生态环境的保护。在建筑设计的初期阶段,就要考虑减少对自然环境的破坏,选择符合环保要求的建筑材料和技术,减少对土地、水资源的占用和污染。在施工和运营过程中,也要严格控制建筑垃圾的产生,降低对周边环境的影响,实现与自然和谐共生。

可持续建筑的概念注重对资源的合理利用。这一理念要求在建筑的全生命周期内,尽量减少能源和材料的消耗,提高资源的再利用率。在建筑设计中,要充分考虑采光、通风、节能等因素,采用太阳能、风能等清洁能源,减少能源浪费。在建筑材料的选择上,要优先选择可再生材料和环保材料,降低对自然资源的负荷。在建筑的拆除和更新时,也要尽可能实现材料的再利用和回收利用。

可持续建筑的概念关注居住者的舒适健康保障。这一理念要求建筑设计要充分考虑室内的采光、通风、温度等因素,提高室内空气的质量,减少甲醛、苯等有害气体的释放,营造舒适、健康的居住环境。在建筑的运营管理中,也要注重维护和保养,确保建筑设施的正常运行,保障居住者的用水、用电等基本需求。

可持续建筑的概念和特点体现了对生态环境的保护、对资源的合理利用以及对居住者的舒适健康保障。这一建筑理念的提出和实践,有助于推动建筑行业向更加环保、节能、健康的方向发展,为人们创造更加宜居的生活空间。

### 1. 环境保护和资源利用

在房屋建筑装修会计实务方面,可持续建筑是一个重要的议题。可持续建筑不仅关注建筑本身的美观和功能,更重要的是注重环境保护和资源利用。在建筑过程中,使用可再生能源和节能设备可以有效减少能源的消耗和碳排放。这种做法不仅有助于保护环境,还可以为业主节约能源成本,可持续建筑的概念已经成为现代建筑行业的重要趋势。

在房屋建筑装修会计实务领域,可持续建筑的概念在环境保护和资源利用方面发挥了重要作用。比如，采用太阳能作为建筑能源，通过太阳能电池板收集太阳能，然后转化为电能供给建筑使用，这不仅可以减少对传统能源的依赖，还可以降低碳排放。在建筑材料的选择上，也可以优先选用可再生资源，减少对非可再生资源的消耗，从而达到节约资源的目的。

在可持续建筑的理念下，建筑设计和装修中还需要注重排水系统的设计和施工。合理的排水系统可以有效地收集和利用雨水，减少对自来水的使用。适当的植被设计也可以净化空气，改善周边环境。这些都是在房屋建筑装修会计实务中需要考虑的重要因素。

除了以上提到的方法，可持续建筑的概念还可以在建筑装修材料的选择上得到体现。比如，选择具有隔热和隔音效果的材料，可以减少对空调和其他能源消耗设备的需求，从而降低能源消耗。通过合理的设计和装修，可以最大限度地利用自然光和自然通风，减少对人工照明和通风设备的依赖。

可持续建筑注重环境保护和资源利用，在房屋建筑装修会计实务中具有重要意义。通过采用可再生能源、节能设备、合理的排水系统设计、植被设计以及合理的建筑装修材料选择，可以有效地实现节能减排、保护环境的目的。在房屋建筑装修会计实务中，应该更加重视可持续建筑的理念，为环境保护和资源利用作出更大的贡献。

### 2. 室内环境质量和健康

房屋建筑装修在会计实务中扮演着重要的角色。其中，室内环境质量和居住者的健康是至关重要的因素。可持续建筑理念强调利用环保材料、提供良好的通风和采光条件来提高室内环境质量，从而保障居住者的健康。

在房屋建筑装修的过程中，选用环保材料是非常重要的一步。这些材料应该低污染、无毒害，并且对室内环境不会产生不利影响。在装修过程中，应该尽量减少使用含甲醛、苯等挥发性有机物质的材料，从而保证室内环境的纯净和健康。这些环保材料不仅可以提高室内空气质量，还可以减少对自然资源的消耗，符合可持续发展的理念。

良好的通风和采光也是确保室内环境质量的重要因素。室内空气质量的好坏直接关系到居住者的健康状况。通过科学合理的通风系统设计，能够有效地排除室内的有害气体，保持空气清新。充足的采光也能让室内更明亮、舒适，有利于居住者的心理健康。在房屋建筑装修过程中，必须注重通风和采光设计，使室内环境更健康、更舒适。

室内环境质量和居住者的健康是房屋建筑装修中不可忽视的重要方面。通过采用环保材料、科学合理的通风和采光设计，可以有效提高室内环境质量，保障居住者的健康。这也符合可持续建筑的理念，对于未来的房屋建筑装修实务具有重要的指导意义。

### 3. 社会责任与经济效益

可持续建筑是一种注重社会责任与经济效益的建筑理念，通过提高建筑的价值和可持续发展的效益，来为企业和社会创造价值。在可持续建筑中，不仅要考虑建筑本身的耐久性和节能性，还要兼顾建筑对周边环境的影响，以及建筑使用过程中的经济效益。这种以人为本、注重环保和资源节约的建筑模式，既符合社会责任要求，又能够带来经济效益。

具体来说，可持续建筑在设计和施工中，注重使用环保材料和节能设备，以降低能源消耗和减少对自然资源的依赖。在建筑使用阶段，也要考虑建筑的维护成本和节能效益，以确保长期的经济效益。可持续建筑还需要考虑建筑的适用性和舒适性，以提高建筑的使用价值，符合用户的需求，从而最大限度地实现社会责任和经济效益的双赢。

在社会责任方面，可持续建筑还需要考虑建筑对周边社区和环境的影响。例如，建筑设计应该尽量减少对当地生态环境的干扰，施工过程中要避免污染土壤和水源，建筑使用后要做到可持续运营和再利用。这些做法不仅能够提升企业的社会形象，还能够为社会创造更多的环境价值和经济效益。

而在经济效益方面，可持续建筑通过提高建筑的价值和使用效益，实现了可持续发展的经济效益。例如，采用节能设备可以降低建筑的能源消耗成本，使用环保材料可以延长建筑的使用寿命，满足用户需求的设计可以提高建筑的租售率，这些都可以为企业带来更多的经济收益。可持续建筑还能够吸引更多的投资和项目合作伙伴，为企业未来发展创造更多的机会和成长空间。

可持续建筑注重社会责任和经济效益，不仅能够提升企业的社会形象，还能够为企业和社会创造更多的经济价值。在未来的建筑发展中，可持续建筑模式将会成为主流，为社会和经济带来更多的可持续发展机遇。

## 二、绿色会计在可持续建筑中的应用

绿色会计在可持续建筑中的应用是指将环境和社会责任因素纳入建筑装修会计实务中，以实现对可持续建筑的持续管理和监测。在可持续建筑领域，绿色会计的应用可以帮助企业更好地了解和评估建筑装修过程中产生的环境和社会影响，从而为可持续发展提供数据支持和决策参考。下面将分别从绿色建筑材料、能源利用和环境管理等方面介绍绿色会计在可持续建筑中的应用。

绿色建筑材料的选择和使用是可持续建筑中的重要环节。在绿色会计实务中，需要对采用的绿色建筑材料进行核算和记录，包括原材料获取、生产、运输和安装等环节的环境成本和社会成本。通过绿色会计的应用，可以清晰地了解绿色建筑材料的全生命周期成本和影响，从而为企业未来的绿色建筑材料选择提供数据支持和经济分析。

能源利用是可持续建筑中的另一重要方面。在绿色会计实务中，需要对建筑装修过程中能源的消耗和利用进行精确核算和监测，包括能源消耗的种类、数量和来源等信息。通过绿色会计的应用，可以帮助企业了解和评估建筑装修过程中的能源利用效率和环境影响，从而为企业实施节能减排和可持续发展提供数据支持和决策建议。

环境管理也是可持续建筑中不可或缺的环节。在绿色会计实务中，需要对建筑装修过程中的废弃物处理、水资源利用和环境保护等环节进行核算和记录，包括环境管理的成本和效益等信息。通过绿色会计的应用，可以帮助企业更好地了解和评估建筑装修过程中的环境风险和影响，从而为企业的环境管理和可持续发展提供数据支持和决策依据。

绿色会计在可持续建筑中的应用对于企业实现可持续发展和环境责任非常重要。通过对绿色建筑材料、能源利用和环境管理等方面进行详细的绿色会计核算和监测，可以帮助企业更好地了解和评估建筑装修过程中的环境和社会影响，从而为企业的可持续发展提供数据支持和决策参考。绿色会计在可持续建筑中的应用将成为未来建筑装修会计实务领域中的重要发展方向。

### 1. 环境成本的计量与核算

绿色会计在房屋建筑装修领域中扮演着重要角色。随着人们对环境保护意识的增强，越来越多的建筑公司开始关注环境成本的计量与核算。环境成本不仅包括能源消耗和废物处理，还包括环境保护等方面。通过绿色会计的方法，企业可以更加全面地评估和管理这些成本，为企业的环境决策提供更可靠的依据。

在进行房屋建筑装修时，企业往往需要大量的能源消耗。传统的会计方法往往只关注生产过程中直接发生的成本，而忽视了能源消耗对环境造成的影响。绿色会计可以帮助企业全面地评估能源消耗所带来的环境成本，从而更好地控制和降低这部分成本。通过精确核算能源消耗所产生的环境成本，企业可以有针对性地采取节能减排措施，降低对环境的影响。

废物处理也是房屋建筑装修过程中不可避免的环境成本。传统会计往往只关注废物处理的直接成本，而忽视了废物处理对环境的潜在影响。绿色会计可以帮助企业综合考虑废物处理对环境造成的影响，从而更加准确地计量和核算废物处理的环境成本。企业可以通过绿色会计方法，评估不同废物处理方式对环境的影响，从而选择更加环保和经济的废物处理方式。

环境保护也是房屋建筑装修中重要的环境成本之一。企业为了达到环保标准，往往需要投入大量的资金用于环保设施的建设和维护。传统会计方法往往忽视了这部分环境成本，导致企业在环保投入方面缺乏科学依据。绿色会计可以帮助企业全面地核算环境保护的成本，为企业提供更准确的环保投入指导。通过精确核算环境保护的成本，企业可以更加科学地安排环保预算，提高环保投入的效益。

绿色会计在房屋建筑装修领域中的应用，可以帮助企业全面地计量和核算环境成本，为企业提供更加科学的环保决策依据。企业可以通过绿色会计方法，更好地控制和降低能源消耗、废物处理和环境保护等环境成本，实现经济效益和环保效益的双赢。

### 2. 社会责任的评估与报告

房屋建筑装修会计实务在现代社会中扮演着越来越重要的角色。除了关注企业的财务状况和经营业绩外，绿色会计作为一种新兴的会计实务，也承担着评估和报告企业社会责任的重要任务。通过绿色会计，企业可以更全面地评估和报告其在员工福利、社区支持、慈善捐赠等方面的社会责任履行情况，从而提升企业的社会形象和声誉。

绿色会计可以帮助企业全面评估员工福利。除了传统的薪酬待遇外，员工福利也包括员工的工作环境、培训机会、职业发展等方面的保障。通过绿色会计的评估和报告，企业可以清晰地展现其在员工福利方面的投入和努力，向社会公众传递出积极的企业形象，吸引更多优秀的人才加入企业。

社区支持是企业社会责任的重要组成部分。绿色会计可以帮助企业评估其在社区支持方面的投入和效果，如修缮当地学校、捐助贫困地区、开展公益活动等。这些活动不仅有利于改善当地社区的发展状况，也可以为企业树立良好的社会形象，提升企业的社会责任感和公众认可度。

慈善捐赠也是企业社会责任的重要体现之一。通过绿色会计的评估和报告，企业可以公开透明地展示其对慈善事业的捐款和支持，向社会传递出关爱他人、热心公益的正能量。这不仅可以提升企业在社会中的形象和声誉，也可以激励更多的企业和个人投身于慈善事业，共同促进社会的和谐与发展。

绿色会计在评估和报告企业社会责任方面发挥着重要作用，不仅可以帮助企业全面了解和展示自身的社会责任履行情况，也可以提升企业的社会形象和公众认可度。随着社会对企业社会责任的关注度不断提高，绿色会计必将在未来发挥越来越重要的作用，成为企业可持续发展的重要保障和推动力量。

### 3. 绿色金融与可持续发展

绿色金融与可持续发展是当今社会中备受关注的话题。随着人们对环境保护和可持续发展的重视，绿色金融在各个领域扮演着越来越重要的角色。而在房屋建筑装修领域，绿色金融和可持续发展同样扮演着关键的角色。绿色会计作为一种新兴的会计实务，对于推动绿色金融和支持可持续建筑发展具有重要意义。

绿色会计的实践可以通过促进绿色金融的发展，支持可持续建筑的融资和投资，从而推动建筑行业向可持续发展转型。通过绿色会计，企业可以更加透明地呈现其环保和可持续发展的数据，从而吸引更多的绿色金融资金投入到可持续建筑项目中。这将有助于推动房屋建筑装修领域向着更环保、更可持续的方向发展。绿色金融的发展也将为可持续建筑提供更多的资金支持，促进该领域的健康发展。

在实际操作中，绿色会计可以通过收集、整理和报告环境和社会方面的信息，帮助企业更好地了解自身在可持续发展方面的表现，并随时调整战略以适应绿色金融发展的需求。通过绿色会计的实施，企业可以更准确地评估其在环保方面的投资回报，为金融机构和投资者提供更具说服力的数据，进而获取更多的绿色金融支持。这种互动将有助于将资源更多地投入可持续建筑领域，推动行业朝着更加环保和可持续的方向发展。

绿色会计的实践可以通过促进绿色金融的发展，支持可持续建筑的融资和投资，从而推动房屋建筑装修行业向可持续发展转型。这不仅符合社会对环保和可持续发展的期待，也为企业和金融机构带来可持续的经济利益。通过绿色会计的推动，我们有望看到更多的可持续建筑项目得到实施，从而建设更加环保、资源节约的社会。

# 建筑行业会计的未来展望

建筑行业会计的未来展望包括信息化、数字化、可持续化、绿色化等方向。建筑企业需要积极应对未来的发展趋势，建立完善的会计管理体系和会计信息系统，提高会计信息的质量和效率。

## 一、技术驱动下的会计变革

随着科技的飞速发展，建筑行业的会计工作也在逐步发生变革。技术的进步不仅改变了业务流程，还影响着会计人员的日常工作。本部分将就技术驱动下的会计变革展开详细描述。

建筑行业的会计工作在信息化的大背景下变得更加高效和精准。传统的纸质会计凭证和账簿已经被电子化的会计软件取代。这些软件可以自动化完成会计核算、报表编制等烦琐工作，大大提高了工作效率。数据采集和处理也更加快速和准确，使得会计工作不再局限于纯粹的数据录入，而是更加注重数据分析和决策支持。

技术的发展也促使会计人员接受更多的数字化培训。他们需要掌握会计软件的操作技能，了解如何利用大数据进行财务分析，以及如何应对信息安全和数据隐私等挑战。这意味着会计人员只有不断更新自己的知识和技能，适应技术变革带来的新需求，才能保持自己的竞争力。

技术的发展也让建筑行业的会计工作更加透明和规范。通过互联网和区块链等技术手段，会计信息可以实现即时共享和追溯，减少了信息不对称和风险隐患。数字化的会计过程也更加规范和标准化，降低了数据被篡改和造假的可能性，提高了财务信息的可信度和透明度。

技术驱动下的会计变革不仅提高了建筑行业会计工作的效率和精准度，还改变了会计人员的工作方式和能力要求，使得会计工作更加数字化、透明化和规范化。随着技术的不断演进，建筑行业的会计工作也将迎来更多的变革和挑战。

### 1. 人工智能与自动化会计

在建筑行业的会计实务中，人工智能和自动化技术的应用已经开始发挥重要作用。通过引入智能软件和自动化系统,会计工作的效率得到了极大提高,同时准确性也得到了显著改善。这些技术的广泛运用不仅大大降低了人力成本,也给建筑行业的财务管理带来了革命性的变革。

人工智能技术在建筑行业的会计实务中扮演着至关重要的角色。通过利用人工智能软件,建筑公司能够更快速地处理大量财务数据,并且进行精准地分析和预测。与传统的手工录入和处理相比,人工智能的应用大大提高了数据处理的速度和准确性,从而极大地提高了会计工作的效率和质量。

自动化技术与会计实务的结合也为建筑行业带来了巨大的变革。现代的自动化系统能够在几乎不需要人工干预的情况下,完成大部分的会计工作,如账目记录、财务报表生成等。这使得建筑公司能够大大减少人力资源投入,同时也降低了人为错误的风险,从而保证了财务数据的准确性和可靠性。

在人工智能和自动化技术的支持下,建筑行业的会计工作迎来了全新的发展机遇。随着技术的不断进步和应用范围的扩大,相信在不久的将来,人工智能和自动化技术将在建筑行业的会计实务中发挥越来越重要的作用,为行业带来更多的效益和机遇。

2. 区块链技术与建筑行业会计

区块链技术在建筑行业会计实务中扮演着重要的角色,它为建筑行业会计数据的安全性和可靠性提供了解决方案。传统的会计系统可能存在信息被泄漏和篡改的风险,而区块链技术的去中心化特点可以有效地防止数据的泄漏和篡改,从而提高了数据的安全性和可靠性。区块链技术也可以加强对建筑行业合同、付款和资产管理的监督和控制,确保这些重要的业务活动的合规性和透明度。

区块链技术通过分布式账本技术,可以让所有参与者都能够实时地共享同一份数据,建立起不可篡改的数据记录,从而降低了数据被篡改的风险。另由于区块链技术采用了加密算法和共识机制,使得数据记录具有高度的安全性,保障了数据的真实性和完整性。这些特点使得区块链技术成为防止信息被篡改和保护数据安全的有效工具,为建筑行业会计数据的安全性和可靠性提供了有力的保障。

区块链技术的智能合约功能也为建筑行业的合同管理提供了创新的解决方案。智能合约是一种基于区块链技术的自动化合同,可以在没有第三方的情况下执行合同条款,确保合同的可信度和有效性。在建筑行业,智能合约可以用于自动化的付款管理，根据相关的业务规则和数据触发付款的释放，从而降低了付款过程中的风险和成本。智能合约还可以提供更加透明和可追溯的合同管理，加强了对合同履行过程的监督和控制。

区块链技术还可以实现建筑行业资产管理的高效监督和控制。通过区块链技术的溯源功能，可以实现对建筑行业资产全生命周期的追踪和管理，确保资产的真实性和合规性。区块链技术的去中心化特点也可以减少人为因素对资产管理的干扰，提高了资产管理的透明度和效率。这些功能的实现，不仅可以提高建筑行业的资产管理水平，还可以为会计实务的监督和控制提供有力的支撑。

区块链技术的应用为建筑行业会计实务提供了多方面的支持，包括数据安全性和可靠性的提高，合同和付款管理的创新以及资产管理的高效监督和控制。随着区块链技术的不断发展和完善，相信它将会在建筑行业会计实务中发挥越来越重要的作用，为建筑行业的发展注入新的活力。

### 3. 大数据分析与决策支持

房屋建筑装修会计实务在当今社会扮演着至关重要的角色。而大数据分析作为一种新兴技术，对于建筑行业的风险评估和决策支持起着至关重要的作用。通过对各种数据的收集和分析，可以更准确地评估建筑项目的风险，并为企业提供决策支持，从而提升企业的竞争力和可持续发展能力。

大数据分析可以帮助建筑行业进行风险评估。建筑项目涉及诸多因素，包括人力、材料、设备等，在施工过程中难免会遇到各种风险。通过大数据分析，可以将过往的建筑数据进行深入挖掘和分析，找出其中的规律性因素和隐含的风险因素，从而更好地评估当前项目的风险程度，有针对性地采取风险管理措施，降低施工风险，保障工程的顺利进行。

大数据分析也对建筑行业的决策支持起到关键作用。在建筑项目的决策过程中，需要考虑诸多因素，包括市场需求、资源配置、成本控制等。通过大数据分析，可以对市场需求进行深入挖掘和预测，为企业提供市场决策支持，也可以对资源利用效率进行分析，为企业提供资源配置决策支持，还可以对成本控制进行精细化管理，为企业提供成本控制决策支持。这些决策支持将极大地提高企业在市场竞争中的灵活性和竞争力，使企业能够更好地应对市场变化，实现可持续发展。

大数据分析可以帮助建筑行业进行风险评估和决策支持，从而提升企业的竞争力和可持续发展能力。建议建筑行业在实践中加强对大数据分析技的应用，不断优化分析模型和方法，将大数据分析与实际工作相结合，使其发挥更大的作用，推动建筑行业的持续创新和发展。

## 二、建筑行业会计的国际化与全球化

建筑行业会计的国际化和全球化是未来发展的趋势，其重要性和挑战在于不断变化的全球商业环境中，建筑行业会计必须适应多样化的商业模式和全球化的趋势。因此，本部分将探讨建筑行业会计的国际化和全球化对行业的重要性和挑战。分析建筑行业会计的特点和挑战。建筑行业作为一个日益国际化的行业，其会计实践面临着越来越多的挑战。建筑行业的复杂性意味着会计人员需要具备更高的专业知识和技能，以应对不断变化的国际商业环境。在全球化的趋势下，建筑行业会计需要不断适应不同国家和地区的会计准则和法规，这给会计工作带来了更大的挑战。因此，建筑行业会计的国际化和全球化是至关重要的，但同时也面临着诸多挑战。

探讨建筑行业会计的历史演变。随着全球化的加速和建筑行业的不断发展，建筑行业会计也经历了一系列的变革和发展。从最初的简单会计系统到如今复杂多样的国际会计准则，建筑行业会计的历史演变为我们提供了宝贵的经验和教训。将这些历史经验和教训应用到当今的全球化环境下，对于建筑行业会计的国际化和全球化具有重要意义。

在未来的建筑项目预算与成本控制中，预算编制和管理将扮演着举足轻重的角色。随着建筑业的国际化和全球化，建筑项目的预算编制和管理变得更加复杂多样。因此，本部分将重点探讨建筑项目预算的编制和管理以及成本估算和控制方法的创新。分析建筑合同与支付管理中的国际化问题。随着建筑业跨国合作的增多，建筑合同的类型和特点也越发多样化。因此，我们需要深入研究不同类型建筑合同的会计处理，以应对全球化趋势下的建筑业发展。在资产与折旧管理方面，本部分将重点探讨资产管理的最佳实践和折旧与摊销计算方法的优化。随着建筑业的国际化和全球化，资产管理变得更加复杂和多样化，因此需要我们对资产管理实践进行深入分析和研究。

在税务与法律合规方面，本部分将分析在全球化环境下建筑行业税务和法律合规问题的挑战和解决方案。建筑行业跨国经营和投资，必然面临着不同国家和地区的税务和法律合规问题，因此我们需要充分了解不同国家和地区的税法和法律，以有效管理风险。在成本会计与绩效评估方面，本部分将重点探讨成本分析与管理，以及绩效评估与指标的优化。在国际化和全球化趋势下,建筑行业成本控制面临着更大的挑战和机遇,因此我们需要针对不同环境下建筑项目的成本控制方法和工具进行深入研究。

建筑行业财务报告和分析的国际化和全球化问题。随着全球化的进程,建筑行业财务报表和分析面临着越来越多的挑战,因此我们需要深入分析全球化进程对建筑行业财务报告和分析的影响,并寻求创新的解决方案。在未来趋势与创新方面,本部分将探讨数字化革命和可持续建筑对建筑会计的影响,以及建筑行业会计的未来展望,以满足不断变化的全球商业需求。

### 1. 国际会计准则与规范

房屋建筑装修会计实务是建筑行业中极其重要的一环,而国际会计准则和规范对于这一领域的会计实务同样至关重要。遵守国际会计准则和规范可以提高财务报告的透明度和可比性,进而增强投资者和利益相关者对于建筑行业的信任。在本部分中,我们将深入探讨建筑行业会计中的国际会计准则和规范,以及其在提升行业可持续发展和有效管理中的重要作用。

国际会计准则和规范在建筑行业会计中具有举足轻重的地位。建筑行业作为一个特殊的行业,其财务报告往往涉及复杂的合同安排、长周期工程和大量的资本支出。国际会计准则和规范对于建筑行业会计的规范和标准显得尤为重要。这些准则和规范不仅要求会计人员遵守严格的会计原则和政策,还要求他们在财务报告中充分披露与建筑项目相关的风险、合同条款以及其他重要事项,从而增强财务报告的透明度和可比性。

国际会计准则和规范对于提升建筑行业的投资吸引力和可持续发展起着至关重要的作用。投资者通常希望通过可靠的财务信息来评估其投资的风险和收益。遵守国际会计准则和规范可以使建筑企业的财务报告更加真实可信,增加投资者对企业的信任感,从而吸引更多的投资。规范的财务报告也有助于建筑企业提升其国际形象,为国际合作和跨国投资打下良好的基础。

国际会计准则和规范对于加强建筑行业的监管和管理起着关键作用。严格遵守这些准则和规范可以帮助建筑企业建立健全的内部控制制度,规范财务管理和决策流程,有效防范和管理各类财务风险。这也有助于监管部门对建筑行业的监管,提高行业的合规水平,推动行业健康有序发展。

在建筑行业会计实务中,国际会计准则和规范的重要性不言而喻。遵守这些准则和规范不仅有助于提升财务报告的透明度和可比性,增强投资者和利益相关者的信任,也有助于提升建筑行业的投资吸引力和可持续发展,同时加强行业的监管和管理。建筑行业会计人员应当深入理解并严格遵守国际会计准则和规范,以推动整个行业迈向更加健康和可持续的发展之路。

2. 跨国企业与报表合并

房屋建筑装修会计实务在跨国企业中的报表合并是一个复杂而重要的问题。一家跨国建筑公司可能在多个国家或地区开展业务,每个地方都有着不同的会计制度和法律法规。在进行报表合并时,需要考虑到这些差异,同时解决语言、货币和文化的问题。

在跨国企业的报表合并中,会计制度的差异是一个重要的考量因素。不同国家或地区可能会采用不同的会计准则和规定,例如美国的通用会计准则(US GAAP)和国际财务报告准则(IFRS)。在进行报表合并时,需要进行调整和转换,以确保所有财务信息都符合统一的准则,这可能涉及资产负债表和利润表等各个方面的项目。跨国企业需要有丰富的会计知识和经验,以应对不同制度带来的挑战。

货币的差异也是跨国企业报表合并中需要考虑的重要因素。不同国家或地区的货币存在着汇率波动和兑换问题,这可能对报表合并产生影响。跨国企业需要关注不同货币的转换和折算以及对外币财务报表的调整。财务报表中的货币资金、应收账款和应付账款等项目也需要进行货币转换处理,使其能够在报表合并中得到合理反映。

文化差异也是跨国企业报表合并中需要重视的问题之一。跨国企业可能面临着不同国家或地区的语言、商务礼仪和商业习惯等方面的差异,这可能影响到财务信息的准确性和完整性。在进行报表合并时,需要充分了解各个地方的文化背景和习惯,确保在沟通和合作中没有出现误解或偏差,从而避免对财务报表的影响。

跨国企业在进行房屋建筑装修会计实务报表合并时,需要考虑到会计制度、货币和文化的差异。只有充分了解并妥善处理这些差异,才能确保报表合并的准确性和完整性,为公司的决策提供可靠的财务信息支持。

3. 国际会计师与跨国团队

在当今全球化的环境下,建筑行业会计师的角色不仅仅局限于国内市场,更需要具备国际化的视野和跨文化的沟通能力。他们需要与来自不同国家和地区的跨国团队合作,以实现建筑行业会计的国际化和全球化。这一挑战需要他们不仅具备扎实的会计专业知识,还需要具备与不同文化背景团队协作的能力。他们需要了解不同国家的会计准则和税法，以确保建筑项目在国际范围内的财务合规性。

跨国团队合作的成功需要建筑行业会计师具备良好的跨文化沟通能力。他们需要能够尊重和理解不同文化之间的差异，灵活应对各种文化背景下的沟通方式和工作习惯。例如，在与中国团队合作时，他们可能需要了解中国人的"面子"文化对沟通和决策的影响，以及在与德国团队合作时，他们可能需要适应德国人的严谨和注重细节的工作风格。建筑行业会计师需要具备开放的思维，愿意学习和适应不同文化的特点，以建立良好的跨国团队合作关系。

在国际化的背景下，建筑行业会计师还需要不断学习和了解国际会计准则的最新发展和变化。他们需要关注国际会计准则委员会（IASB）和国际货币基金组织（IMF）等国际机构发布的有关会计准则和规定的最新消息，以确保自己始终掌握最新的国际会计准则，指导建筑项目的财务管理和报告。

建筑行业会计师需要具备国际化的视野和跨文化的沟通能力，以适应全球化的建筑业发展趋势。他们需要与跨国团队合作，了解不同国家的会计准则和税法，建立良好的跨国团队合作关系，并不断学习和更新国际会计准则的知识，以应对全球建筑行业的挑战和机遇。

# 结语

本书全面介绍了房屋建筑装修会计实务的相关知识，涵盖了建筑行业会计概述、建筑项目预算与成本控制、建筑合同与支付管理、资产与折旧管理、税务与法律合规、成本会计与绩效评估、财务报告与分析以及未来趋势与创新等内容。希望读者通过学习本教科书，能够更好地理解和应用建筑行业会计知识，提升自身的专业能力和水平。

本书的编写旨在全面系统地介绍建筑行业会计的实务操作和理论知识，为建筑行业从业人员提供一本全面的参考书。本书内容丰富、深入，涵盖了建筑行业会计的方方面面，对于建筑行业从业人员的会计实务操作和理论知识提升具有重要的参考价值。同时，本书对于想要了解建筑行业会计的人士也是一本不可多得的参考书。

随着数字化革命的推进，建筑行业会计也将迎来新的机遇和挑战。在未来，建筑行业会计将更加强调数字化、智能化、绿色化等方面的创新和发展。我们期待着建筑行业会计朝着更加智能化、高效化、可持续化的方向发展，为建筑行业的可持续发展作出更大的贡献。